黃坤堯著

清懷詞稾和蘇樂府

雨盦題

國家圖書館出版品預行編目資料

清懷詞稿・和蘇樂府 / 黃坤堯著. -- 初版 -- 臺北市 :文史哲, 民 88
面 ; 公分. - (文學叢刊 ; 102)
ISBN 957-549-254-4 (平裝)

852.486　　88017728

文學叢刊 ⑽

清懷詞稿・和蘇樂府

著者：黃坤堯
出版者：文史哲出版社
登記證字號：行政院新聞局版臺業字五三三七號
發行人：彭正雄
發行所：文史哲出版社
印刷者：文史哲出版社
臺北市羅斯福路一段七十二巷四號
郵政劃撥帳號：一六一八〇一七五
電話 886-2-23511028・傳眞 886-2-23965656

實價新臺幣三〇〇元

中華民國八十八年十二月初版

ISBN 957-549-254-4

清懷詞藁和蘇樂府

黃坤堯著

雨盦題

坤堯學弟寄示清懷近稿用
樓夜韻賦贈

底用文章五鳳樓酒杯長是釣詩
鈎宮墻桃李三春發海甸風雲
雨地愁搔首問天仍浩蕩放懷何
處不清幽平生青眼無多士學海相
期最上流

庚午重三 文擢倣稿

虞美人　己卯秋自郴州歸題清懷和蘇詞全集

千年之緣初來淺
墨落明如火
樓臺無夢鎖春寒
從錯子瞻誰識郴江東坡歎
把東籬柳詩陵黃花酒
讀君知命和蘇詞
解道易安尋覓惜芳時

東官陳士恒

清懷填詞圖
坤堯仁兄雅屬
己卯九月 李國明

《清懷詞稿·和蘇樂府》序

歲在戊辰，余再役香江，復受聘爲香港浸會學院中文系首席講師，除講授聲韻學外，更兼授專家詩詞。余以眉山蘇長公，挺然大節，群臣無出其右，忠規讜論，後世推崇備至。器識之閎偉，議論之卓犖，文章之雄俊，政事之精敏。千古以來，一人而已。而其浩然之氣，特立之志，及其特有之氣質，皆與生俱來；表表高標，昂首無懼，尤足爲後世之楷模者也。故即以長公《東坡樂府》授諸生，諸生亦樂而受業焉。

今世黌宮之中，其任詩詞講席者，往往專於賞析，忽於習作。專於賞析則徒知意境聲辭之華美，忽於習作則闇於布局經營之艱難。故余授諸生以《東坡樂府》也，以爲欲明賞析，則不但宜明其詞義與典故之出處，且應進而探其布局與修辭；於史事之暸解，絕不可忽，倘明作者襟抱、寫作背景，則於其創作動機，自非朦朧也。陸機〈文賦〉嘗言爲文構思情狀曰：「六情底滯，志往神留，兀若枯木，豁若涸流，攬營神以探賾，頓精爽於自求，理翳翳而愈伏，思乙乙其若抽。」若非自行習作，何能體悟營構之際，思緒翳伏，靈感底滯之艱辛；與夫成文之後，流離濡翰之舒暢，情貌不差之適意耶！欲令諸生習作，以達其情思，曷若以身作則，先垂佳範。戊辰之秋，余再履香港，是時回歸在即，人心惶惶，無所適從；加以六四屠城，血染京師，目睹大變，感慨尤多。《東坡樂府》收詞三百餘首，最足以抒我悲憤，發其鬱紓者也，是以乃有全和蘇詞之議。

黃生坤堯初從吾友桐城汪中遊，學有本源，仲麐師謂其「詞筆天成，功深錘鍊，近清眞白石」者也。後復從余治訓詁，而能有得於心，卒以《經典釋文動詞異讀之研究》一文，而榮獲香港中文大學哲學博士。生之治學也，先由詞章而逆探詁訓，與余之治聲訓而直達詞章，雖徑路有異，而其歸則一。余嘗贈以〈臨江仙〉詞，中有句云：「詞章文字總同歸，源流雖不一，表裏實相依。」蓋謂此也。生聞余有全和蘇詞之議，乃奮臂而出，欲賡和作，師生相約，未底於成，絕不終止。互勵互勉，相爲督促。方余懈怠，接生來詞，而靈思忽動，汩然以出。或生久未作，余詞適寄，生亦靈臺乍明，思緒如雲，狀若峽水，滾滾而來矣。故余《和蘇樂府》之成，坤堯與有力焉。坤堯之作，余亦有助成之功也。

憶初抵香江，孤零一身，坤堯穗蘭，伉儷相將，或約郊遊，或陪樽叙。西貢海濱，踏遍黃沙；八仙嶺上，攀盡青條。敦豪酒店，持螯賦詩；叙香園裡，炙豚飄香。江城名士，黌舍宏儒，一時俱集，敞懷暢飲，固未知天地之將旋覆也。陪歸故國，縱遊禹甸，發軔羊城，賡跡惠州，北京攬勝，威海傷頹。登太行之山，太原訪古；摩北嶽之顚，塞外縱目。太白之峰，寒霧瀰茫，未見天池；雲南雪嶺，皎日麗天，實抵虎峽。鴨綠江頭，適逢父親佳節，諸生以一日之師，乃終身之父，既獻蛋糕，復歌頌詞。鬱孤臺下，難言故里深情，姚黃二弟相隨，臺辦禮車相迎，雖非衣錦，鄉人亦引爲奇榮也。匡廬煙雨，含鄱湖之浩蕩；峰山頂上，望章貢之合流。古虔勝景，實含八境。蘇辛之豪邁，周姜之綿密，師弟深誼，情感交流，靈犀照通，相視無礙。借伏酒以舒懷，遂縱筆以和詞。

今歲十月二日，余全和蘇詞出版，顏曰：《伯元倚聲·和蘇樂府》，從業諸生，以其師之不舍，足以垂示後昆，故特假首都臺北市立圖書館，舉辦《伯元倚聲·和蘇樂府》新書發表會，學界雲集，人逾三百，堪稱盛況。余正回味生徒之情義，與師友之垂愛，沉浸其間，陶陶自樂。黃生電子傳函，謂和蘇亦竟，屬爲題名，竊自思慮，余之詞集，名爲《伯元倚聲》，生之詞集，稱作《清懷詞稿》，《和蘇樂府》皆其部分耳。若余之書，年以垂老，再作爲難，或將止此；君正壯歲，腦力旺盛，他日成就，殆未可量，因爲取名《清懷詞稿·和蘇樂府》，期後更有述作，故同交文史哲出版社印行。師弟同遊，兩集參翔，詞苑雙疊，此唱彼和，和蘇之作，次第完成，亦儒林之佳話，詞壇之美事也。書名之中，同中有異，正足以紀此一段因緣。故樂爲之序，以爲讀斯篇者告也。中華民國八十八年十一月三日夏正己

卯九月二十六日陳新雄序於臺北市和平東路二段鍥不舍齋

《清懷詞稿·和蘇樂府》自序

和蘇樂府者，詞拈蘇韻，意寫今情，風光淡蕩，雲鶴迷離，臨文遊藝，非仿古之製也。己巳之歲，伯元師講學香江，乃依彊村本《東坡樂府》序次，排比課業，遣興塡詞，珠玉紛投，並邀和韻。余選調擇意，時輟時和，量力而爲，以求雅正。江山藻繪，時占造化之幾，時代風雲，更識古今之變，聲辭吐納，所得寖多焉。方今商潮泛濫，人欲橫流，是非顚倒，價値混淆，世無可樂，更乏知言，士之處斯世也，唯讀書自娛而已！尤以己巳國家多事，整合無方，風行水上，渙群元吉，乃迷一念之仁，竟誤千秋之業，人心向背，而先機頓失耳。于時沙田稼穡，俗議難諧，詩酒寄情，逍遙物外，維摩丈室，天女散花，紉蘭爲佩，上下求索，而蘇韻可用焉。夫東坡天人之姿，指出向上一路，才情橫溢，雄放傑出，以詩爲詞，賞心悅目，譜按管絃，實倚心聲，天風海雨，含英咀華，神情朗練，金玉鏗鏘，千秋固有定評，足爲後學法式也。伯元師以聲韻訓詁名家，通經致用，遠祧章黃，親炙林潘，源流本末，博大精深，議論縱橫，堂堂正正，摹寫生活，神氣靈現，感人至深，亦性情之作也。嗟予小子，抑何幸耶！讀蘇和陳，神兼二美，仰攀驥尾，情繫古今，穆穆清風，緣深立雪，則斯集之製也，空谷傳響，搖蕩心靈，殷勤播殖，亦足以誌學詞甘苦耳。乙亥香港回歸前夕，得詞逾半，海隅晏安，歌舞昇平，經濟騰飛，本無可慮。所念時代交替，風雨微茫，天心人意，恩威難測。乃以詩詞彙刊，輯成《沙田集》一卷，抒情言志，憂生念遠，藉留鴻爪，且欲求正於師友耳！己卯金秋十月，《伯元倚聲•和蘇樂府》全帙先成，並在臺北舉行新書發佈會。華洋中外，濟濟一堂，衣冠珠翠，裙屐風流，隔海路遙，未參盛會，失之交臂，所以爲憾耳！因念往日唱酬之樂，文辭競巧，砥礪勗勉，流觀古道，振起低潮，行吟四海，交納賢豪，十載和蘇，悲歡無限，余遂於同日完稿焉，此亦始料所不及也。因以電郵傳稿，嚶鳴奉賀。而伯元師即肇錫嘉名，曰《清懷詞稿·和蘇樂府》。並恩賜序文，說明源委。復聯絡文史哲出版社，允承印行，封面設計，版式同一。此後聯轡連轠，隨侍左右，詞章學術，揄揚指引，青雲有路，再振吟魂，亦足以鞭策駑鈍，爲蓬蓽增輝耳！彊村本《東坡樂府》原分三卷，詞三四四闋。而本集和蘇只得二卷，蓋以乙亥爲界也。卷上一八四闋乃舊刊，卷下一五四闋爲新作，彙成一帙，得詞三三八闋。所異於坡集者，則新增〈千秋歲〉「島邊天外」及〈醉落魄〉「醉醒醒醉」二闋，重複衍和之作八闋，非東坡韻者四闋。稍欠東坡反覆同韻之作二十闋，故數量微有不同也。又和蘇不依坡集序次，不附唱酬之作，野性幽姿，行止隨意，自惟遠不如伯元師之嚴謹耳！雨盦師寵賜題簽，行雲流水，隆情厚愛，卅載如故。國明兄精擅丹青，空谷幽人，蒼崖古樹，一揮而就。蘇公彷彿東坡神韻，華嚴妙諦，垂範可親，檢視遺墨，有淚淋浪。其他師友題辭，結緣詩酒，激揚懷抱，感銘肺腑。復以千禧換紀，九九數窮，傳統契機，生生不滅，詞學商量，發揚乃大，東坡有知，倘亦不以效顰爲責乎！己卯秋冬佳日黃坤堯序。

題辭

題《淸懷詞稿·和蘇樂府》　李鴻烈

東坡次陶詩自好。萃性吐言見大巧。出處途殊風味同，異代天人等懷抱。黃郎妙質發錦心，文理規爲悟獨早。摛翰畢和子瞻詞，奮追前賢邁古道。大地詩酒時去來，千頃淸懷寫浩渺。我有慕陶禮蘇情，讀斯能無爲絕倒。

東坡引　張濟川

玉田遐亦邇。梅溪鏤雕細。鰲峰聳翠淸歌起。我欣詞曲美。我欣詞曲美。　上庠訪俊傑，驪珠含矣。看宋室，三蘇麗。語圓律細培蘭芷。傳燈恢世敝。傳燈恢世敝。

謁金門

林佐瀚

方起舞。下筆淋漓風雨。神采生來非瘠瘐。豈吟詩恨苦？步履芳塵幾度。功力精深如許。欲待思聊情寄處。清懷詞稿句。

蝶戀花

王忠義

玳瑁珠璣聲送了。異代披心，一醉千行少。怨綺辭菲情窈窕。低吟怕引琴心挑。劫換人間星漸曉。兩岸垂楊，不見來青鳥。細說清游花正好。千秋世紀添新稿。

虞美人

陳樹衡

千年之後初來我。星落明如火。樓臺無夢鎖春寒。從錯子瞻淮海識郴江。　東坡欲把東籬柳。詩浸黃花酒。讀君知命和蘇詞。解道易安尋覓惜芳時。

滿庭芳

文幸福

黃卷青燈，紅樓皓月，望中三十煙雲。嚶鳴喚友，繼晷蕙蘭焚。最樂倚聲拈韻，時搔首、夙夜殷勤。榴花豔、平川芳草，南浦惜群分。　耕耘。都不斷，沙田暮雨，仙嶺朝曛。已成就縱橫，筆陣氤氳。此和東坡樂府，情深處、直挹清芬。吟哦罷，洛陽騰播，咀嚼美香芹。

浣溪沙　熊東遨

隱隱青山曲曲溪。蘭芽初破紫封泥。不時風送乳鶯啼。
舊事幾番來夢寐，故人無奈隔東西。等閑中夜負荒雞。

浣溪沙　周燕婷

一縷柔光照小溪。晚風吹落燕粱泥。靜聽雲雀隔簾啼。
韻和東坡星拱北，雁來南浦月沈西。莫教孤負五更雞。

清懷詞稿·和蘇樂府 目錄

清懷詞稿・和蘇樂府 卷上

清懷詞稿·和蘇樂府

黃坤堯

卷上

南歌子

西貢和韻奉呈伯元夫子（己巳）

西貢歸來久，勞生誤物華。潮來潮去捲平沙。可恨流年不似水無涯。　六載山中住，春歸何處家。綠蕪深處隱檐牙。留得桃花紅雨略相誇。

行香子

八仙嶺遠眺

風曳舟輕。雲捲濤驚。海天蜃氣莽然平。凌波來去，人在前汀。訪純陽老，仙姑子，悟空明。　四時日月，山水寒屛。儘尋幽相對高陵。舉杯邀飲，對影忘名。看雨雲碎，煙光淨，翠嵐青。

三部樂　學界悼胡，依東坡律韻

暮春三月。正大地暖回，百花姸絕。忽逢寒動，摧撼波翻雲缺。長城下、雷電交加，更戾風暴雨，鬼哭神咽。望遠路迷，渺渺小舟殘葉。　休憐巧宦怨魄，漫一生替得，滿懷冰雪。千古論功未遂，東林多疾。算淒涼、盲流可答。嘆民主、具文憤切。肝膽久折。競舉幟少年英發。

南鄉子　夜飲和韻奉呈伯元夫子、世旭教授

久慕謫仙盃。玉液瓊漿白雪堆。暑氣盡銷炎火散，飛來。六月冰華綴舊醅。　惆悵港韓臺。一髮青山淚點腮。千載須憐詩句苦，帆迴。儋耳夜郎衝浪開。

臨江仙

解道清懷何取義，迷離眞幻堪疑。一船絲管載歌詩。清風來海上，懷抱卷輕漪。　楚雨含情皆寫意，天涯芳草幽思。人間天上黯春歸。幾回閒夢遠，霜露濕單衣。

瑞鷓鴣

嫣閣和韻奉呈伯元夫子、幸福兄

廿年未睹漢旌旗。國事迷離付小兒。古樹婆娑王化外，風雲變幻赭巖詞。　峰連太乙遮炎暑，利涉重川渡險歆。五百春秋多賦詠，名山須續二公詩。

祝英臺近

寄懷川兄巴黎旅次

望天涯，瞻芳草，躑躅巴黎路。冬雪當途，蛟浪摧檣艣。堪嗟遠涉重洋，換巢移樹。淹留苦，鄉關何處！
情難阻。漫得詩魄騷魂，歌哭振風雨。鐵塔凡宮，蕃錦相盤據。須尋藝苑豐碑，民權化育，搗圍闌，自由人語。

昭君怨

柏林圍牆

急鼓繁絃催弄。廿八年來長夢。破網擬輕煙。上青天。
故國欲留欲去。回首茫茫風絮。千里蕩孤舟。大江流。

行香子

秋染荒村。星點緗裙。眄橫波玉魄芳魂。麝蘭暗喘，仙樂微聞。渡鵲橋侶，銀河水，九天門。　悠然回望，煙霞千疊，黯銷凝海晏無塵。淚痕零粉，宛轉伊人。賸瑤臺月，巫山雨，峽江雲。

蝶戀花　有懷柴玲

春到人間風景麗。波捷匈羅，次第峰巒洗。回首長江嗚咽水。峨嵋黯黮迷雲髻。　滿目蒿萊侵故里。狐兔荊榛，搖落非長計。紫禁城昏天已醉。去留生死難爲淚。

江城子　奉贈兆千、紹芬學長伉儷

城門河水浴新晴。晚波清。遠山明。鳥雀相呼，蜂蝶舞輕盈。轉瞬十年田地改，移廣廈，過娉婷。　高樓天宇響瑤箏。醉時情。月中聽。冰雹銀花，璀璨耀湘靈。豈爲凡緣酬短聚，同學誼，柏華青。

卜算子　己巳歲除

稼穡在沙田，師友情緣好。驟雨時來捲夕陽，苦恨霜風早。　惆悵羲熙年，天意憐幽草。爲有梅花映雪香，嘯傲湖山老。

浪淘沙　庚午新歲有懷雨盦夫子

瑞景沐香城。樂舞忘情。熏風和日久心傾。火樹銀花爭熠燿，維港迎春。

東望海無塵。閒眺遙村。圍爐酒緹一年辛。樂道含飴增綵色，醉賞紅英。

江城子

元宵贈內

多情江月夜銜山。繡簾間。畫樓閒。同沐清光，眽眽對眉彎。遠望素娥憐隻影，雲海隔，淚痕斑。

天涯孤棹勸歸還。慰憚緊。願停潸。微幌青燈，相倚貼仙鬟。普世圓融風日好，春不老，惜芳顏。

菩薩蠻

次韻伯元、邃加二師春宴原玉兼呈同席

翩然蒞止文章伯。神仙鸞侶諧琴瑟。令德映徽瓊。中天蟾兔明。　春觴同享宴。柏酒辛盤看。萬象復昭蘇。詩情萬頃湖。

醉落魄　和謝志偉《秋興》詩意

芳春二月。秋懷感興悲歌發。運籌端賴天人合。北斗京華，珍重花時節。　民直何如豪賈滑。朝三暮四羞言說。百年樹木誰能歇。香稻碧梧，勝作辭枝別。

一九九〇年二月廿八日，香港立法局討論基本法定稿及未來政制發展方向。謝志偉議員以《秋興》八首代言，感而賦和。

南歌子　追賀伯元夫子生日，次韻寄意

白日中天耀，人間黛綠華。春風圓露潤寒沙。喜見椒蘭

芝蕙滿江涯。乳燕高飛遠，雙棲戀舊家。依依蛾月掛檐牙。更勝鴟夷釣客五湖誇。

淸平樂　黃河口結冰

蜿蜒過汴。凍坼青徐岸。澌冱沖沖流潦亂。凜慄悲風池苑。黎民簞食提壺。武王休再踟躕。天賜五神深雪，鹿臺三子全無。

訴衷情

樓臺雲氣蜃虹奇。疑幻亦疑詩。人間廿四年夢，潛泳九垓西。三角海，捕魚時。雨風凄。蓬萊千仞，七日丹煙，仰望悲啼。

報載緬因州三漁民於百慕達三角海駕帆遇風，方七日而歸，容顏未改，魚獲新鮮，而人間逾廿四年矣！于時一九六六年一月六日登船，蓬萊路渺，仙境依稀，嗟乎！

虞美人

南昌重修滕王閣

名樓北攝匡廬美。仰望潯陽里。吟魂招喚踏歌來。漠漠山川千載一徘徊。

摭霞挹翠淸江上。瑤珮驂鸞唱。洪都帝子夢歸時。回首暮雲秋水碧琉璃。

泛金船

山居久矣！年年歲歲，桃花深巷，朝夕與對，不覺情生。去秋誤墮市廛，而縈念難已。春深復返，僅剩枯枝，花盡葉死，不禁大慟。全依東坡律韻天香紅雨沾行客。翠羽曾相識。繁華散盡情閒卻。更霜染蟲逼。廢圃荒徑，黯黯冷風寒月。今日護花心渺，佇拂枝節。

人間幾見胭脂雪。笑與佳人插。無端感喟輕悲咽。怨經歲離別。黛玉埋幽，藉返蕊珠仙闕。萬一夢魂過我，休訝星髮。

少年遊

幻光離合，淩波來去，伊洛識名花。櫻桃金縷，香階微步，向暖夢誰家。

乍醉乍醒雲鬟亂，汗腕浸纖紗。志解神閑幽香遠，遺珠珥，月西斜。

南鄉子

題劉宇一油畫「春水」，載三月

九日《深圳特區報》

漠漠彩橋橫。煙靄熹微掩畫城。養鴨姑娘臨野渡，長亭。漫理柔絲寄遠行。

碧溜麴塵清。漲綠粼粼繡錦成。回首芭蕉深處住，晶熒。淚盡春江一日晴。

菩薩蠻 民主野白合兩闋

銅仙辭漢孤星落。酸風腥雨添蕭索。怨思貯胸中。移師鬧九重。

同懷憂國淚。劇滙吞舟水。融貫海西東。允求天下公。

前調 其二

延安舊血驚風雨。臺澎新種春留住。良藥獻東君。東君竟殺人。常懷千古淚。北望迷煙水。撲火敬修蛾。
神州慷慨多。

一九四二年，王實味以《野百合花》一文犯顏直諫，竟招整肅，並貽殺身之禍。文稱野百合花有藥用價值，用心良苦。臺北學運其亦取義於此乎？

江城子　木棉

盤伸奮攫躍龍看。煥紅紈。碧空彈。絳袍金盔，驍將拔重關。二月芳菲春意鬧，英氣爽，俯身難。鵝黃奼紫簇花山。壓江干。一枝安。午夢清圓，后土重芳年。彩勝深燈苞灩蠟，原子核，競沖天。

念奴嬌　呈蘇公

素箋冰楮，渺滄江一片，迷茫風物。擾攘亂帆馳霧海，出沒鯉門危壁。春在枝頭，難沾微暖，心事寒如雪。玉戈揮日，夢深長念人傑。　可惜天與多情，故園回望，更蘭舟遲發。一集菩提心相語，千載傳燈癡滅。精衛丹心，銜泥亘浸，劇感青青髮。人間經畫，指陳天際圓月。

周南上任，嘗以「春在枝頭」題贈港人。

浣溪沙　柴玲脫險

丹火長留百姓間。連枝比翼慶雙全。清明悼遠總淒然。
　十死未窮彰正義，九州鑄錯送殘年。廣場閒步耐人看。

前調　澳門近訊

編戶界分人鬼間。中原離亂玉難全。殘山剩水淚潸然。
萬里投荒歸有道，夕陽濠海惜餘年。人潮擠壓不堪看。

南鄉子

風景屬臨杭。西子妝迷鏡水茫。燕尾舊堤人不見，仙鄉。春過花飛夢一場。
豐樂醉瓊觴。羅帳燈昏傾別腸。千縷萬絲雲絮亂，橫塘。浴水鴛鴦出翠楊。

江城子

十年結褵吉日，左、陳二師招飲相賀。陳師指調命題，欣然有作十年晴雨悟微茫。互商量。是非忘。吟閣青燈，坐對晚風涼。茶酒唱隨佳興逸，帷幌動，月流霜。

沙田一夢水雲鄉。映瓊窗。透華妝。儔侶相呼，歌哭振詩行。解道兒曹心事了，遊四海，陟崇岡。

定風波 中山大學

四十年來不解兵。江鄉湖海共承平。薄晚風涼微雨住。尋去。逸仙高像渺凄清。

浮白飛觴無所惱。同道。白雲珠水總傾情。醉踏寒雲花影亂。波泛。漁郎五月棹歌聲。

減字木蘭花 過六榕寺

六榕無夢。父子相依誰與送。瓊海悲秋。銀漢煙光隔斗牛。嶺南佳果。賴有荔枝延久坐。化育維功。文采風流永記儂。

河滿子

落日金波溶曳，江干紫陌淒清。楊柳熏風疑沐髮，今宵無夢江城。未到橋心已醉，逍遙堂畔湖平。且訪坡仙舊跡，更尋繡句閒行。薄命朝雲生死劫，惠州千古揚名。寄語當壚佳麗，一觴一酌忘情。

菩薩蠻

訪白鶴峰

迷離雲鶴歸來晚。歸來更勸金樽滿。舊景已難留。紅塵冷落秋。　花間須縱酒。赤壁長回首。世變感人思。
西湖風雨時。

南鄉子　奉送伯元夫子歸國四闋

長劍老丹廚。伏虎降龍刃有餘。回首鬱孤嗚咽水，舒徐。展讀人間四部書。　故國慕歸歟。久客情懷日轉疏。蓬島漫銷懷苢氣，紛如。冷眼旁觀憫下愚。

前調　其二

秋夢寄東籬。一瓣冰心抱素蘵。北海霜凋南海冷，爭飛。弓動弦驚碎玉卮。　相望苦尋詩。片瓦難存世所知。何事崑崙留與去，傷離。忍送哀蟬渡遠枝。

前調　其三

春日百花紅。學海薪傳共仰儂。雨施雲行高格調，欣逢。點化靈明一路通。　音韻奪天工。雕琢聲情實亦空。更領東坡憂患意，微攏。合見悲懷磊落胸。

前調　其四

明月瀉銀湖。吐露煙開幾點鱸。談興更宜微醉後，非儒。俠骨悲歡見丈夫。　今夕感離居。詞札吟成兩地書。信是牽情天未老，眞如。喜看香醅跳玉珠。

鵲橋仙　七夕有懷周策縱師

平洋波泛，珠江潮捲，迢遞依依牛女。相憐相望不勝情，宵夢短遽來又去。　西山煙月，燕京風絮，幾換狂雷疾雨。春泥硯水豈無痕，青史鑄斯人心處。

永遇樂　奉賀伯元夫子、師母琴瑟佳期

二十七年，情堅金石，歡泳魚水。幾涉重洋，橫添別怨，心連千千里。金風玉露，梧桐夜語，仰望星河沈醉。惜今宵、攜手瑤階，依稀少年難寐。　黃山煙墨，桂林綵筆，更譜香江雲意。畫扇題詩，稱觴勸酒，漫染傷離淚。八仙海色，獅峰晴黛，一夕銀光柔被。猛回頭、蓬萊日月，幽盟永記。

阮郎歸　俗離山法住寺

蜿蜒曲徑上高臺。秋山銀杏開。黃雲鋪地費疑猜。翩翩彩蝶來。　丹楓醉，桂華摧。長街踏葉咍。千年法住有緣栽。不虞香火衰。

菩薩蠻　雞龍山

櫻花爛漫紅霞暖。逶迤林徑風霜滿。黃葉浸高秋。雞龍一夢留。　楓丹疑中酒。峽暗溪山柳。東鶴記前緣。西湖煙雨天。

雞龍山雨後山光樹影酷似杭州黃龍洞，故末句及之。

醉落魄

香鬟雲髮。芳華搖落歸心決。舊歡如幻情難絕。落木哀蟬，猶記當時別。　訪鄰尋里添悲咽。白頭無語歡盈頰。紅妝淚盡不須裛。生死天涯，此恨誠難說。

蝶戀花

辛未上元寄伯元夫子

燈舫星橋圓月夜。黯黯春愁，搖落江天晝。酒怯詞荒凝冷麝。雲思馳驟驅神馬。　五月帝城微醉也。講韻論詩，慷慨賡吟社。同續坡詞千載下。天風海雨嘶平野。

沁園春

撲面灰沙，繞塞荒煙，山絕水殘。甚戰車馳突，兩軍圓陣，尖嘶導彈，百萬兵團。碉堡骨寒，孀閨淚盡，大漠沈沈狐鬼歡。波灣苦，問蒼生何罪，可息爭端。　子孫長保平安。願草木清華延永年。黯原油傾海，魚蝦族滅，燒焚火井，救險維難。時日喪亡，遮天掩地，毒霧漫漫不耐看。人去矣，蹈恐龍覆轍，作孽身前。

減字木蘭花

春蘭花盛報伯元夫子兩闋

玉蘭贈客。暖日階庭飄絳幘。招展迎風。蓬蓽生輝感謝公。嶺南春早。服媚國香宗孔老。良夜舒徐。一縷清幽入夢湖。

前調

其二

天工雕琢。化作繁花千萬雹。漫舞階前。逸韻幽姿白雪寒。黯懷離索。轉軸按絃三兩撥。惆悵春闌。一曲悲歡淚暗彈。

南歌子

悼陳太夫人兼唁伯元夫子

莪蓼哀音苦，思深夢北堂。幾回風動響迴廊。信是夜魂環珮任翱翔。前世鴛鴦侶，相將歸故莊。色空疑幻捨愁鄉。哭道九泉隨唱撼肝腸。

醉落魄

凌雲寺祭太老師伯端詞人

青山似昨。凌雲古寺長棲泊。天涯逆旅風蕭索。滄海無情，不是詞人錯。幽林黯翠渾閒卻。江湖冷雨添搖落。百年未了看花約。隔代傳詞，猶認尖嘶鶴。

劉景堂先生有《滄海樓詞》行世。

采桑子

彰化詩人聯吟大會贈吳錦順先生

煙花三月繁華地，天寶宮中。湖海相逢。雅會千秋不落空。

岳陽樓望滕王閣，霞鶩微攏。憂樂和融。更想蘭亭焰火紅。

更漏子

舊沙田，新鎮市。相去幾千萬里。追犬馬，擲黃金。瓊樓櫛比深。

海成河，山異處。人在紅塵來去。通脹苦，住難期。水鄉迷所歸。

浣溪沙

臺北過母親節

鞠育恩深夢北堂。悠悠輕絮繞疏楊。可憐眉鬢凜秋霜。

佳節溫馨遙想像，人間聚散費思量。風煙迷幻海西鄉。

雨中花慢

有懷曾永義教授

回首香江遊興，載酒呼朋，過眼雲煙。最是醉鄉嫌短，浪擲千錢。寒雨昏燈，長街小巷，飲盡豪園。信悟得妙韻，呼呼渴睡，彩夢流連。　山河微恙，青蒼時減，臺北不比從前。金滿地、繁華堪換，換了天然。佳侶陽明高會，山光淡蕩芳妍。人間憂思，歡愉恨少，樂聚年年。

江城子

辛未廣州詩會

羊城五月熱風狂。嶺蕉黃。白雲蒼。樓閣巍峨，迤邐越王岡。莽莽川原林木秀，才十載，遍詩郎。

吟魂激越鼓旗張。歷冰霜。不相妨。塵海悲歡，慷慨邁隋唐。運轉風雷參變化，搜意象，捕貪狼。

減字木蘭花

別黃震雲

目輕庶尹。千里獨來抒懊惱。情性中人。何必虛酬諧縉紳。

天南別去。來日大難須善處。兩日遊兮。珠島論詩樂聚時。

蝶戀花

漠漠煙光飛彩霞。越秀青青，映目穿梭燕。雲掩山羞風乍暖。影花搖曳紅千盞。　一霎靈眸春滿遍。凡界仙心，聽盡鶯啼軟。眉語含情生別怨。閒愁幾縷凝寒硯。

水龍吟

江淮濁水横流，蛟龍肆虐桑田表。哀哀楚甸，茫茫震澤，怒濤圍繞。絜婦將雛，捐鄉留市，淚眸微嫋。痛河堤爆破，家沈水底，三千年，愁多少。　回首江南江北，暗濛昧、金山彌小。廟廊秘邃，負舟誰託，唯唯事了。仰望都江，有懷神禹，躍龍天杪。願川流疏鑿，林才護養，看山河曉。

滿江紅　七夕風雨作

銀漢無梁，波瀾卷、未過雙客。千載恨、風橫雨驟，各添霜雪。不許精誠通款曲，天公未免頑如石。漫長河異域渴相思，久睽隔。　仙侶誤，歡難必。飄搖夕，迷空白。有情憐暗渡，夜魂相覓。記細語連枝同比翼，秋燈暗殿珠凝睫。願此後耕織共芳辰，哀愁絕。

望江南

蘇聯好，一夜斗星斜。回天改日渾閒事，相隨歐亞自由花。歡慶萬千家。　沈思後，前路亦堪嗟。雲雨未諧分屬國，漁樵閒話入桑茶。留與論中華。

前調

天將變，氣候已形成。流潦縱橫民命苦，思潮禁錮士言輕。相繼討公平。　一夫倒，時勢萬夫耕。健德乾坤參造化，運璿天地賴爭鳴。河嶽鬱菁菁。

殢人嬌

莽莽塵緣，過眼傷心無數。向蠡管海天爭覷。相思如幻，認少年遊侶。傾愛恨、迷離況味容與。　曲巷深燈，天街蠟炬。鴛盟了散隨煙霧。漫留紅紡，繫伊人住處。今夜夢魂中，獨尋幽路。

陽關曲

廣州別後寄李汝倫詞丈

羊城春老乍陰晴。乍醉凌雲意態輕。血紅雪白一眶淚，寧得頭顱擲地聲。

前調　贈李經綸兄

飛霞煙瀑峽江寒。回首人間虎豹盤。此生只合碧山老，明日翠微高處看。

浣溪沙　辛未歲暮三闋

溪畔桃花池裏魚。樹頭閑止獨棲烏。半憐生意半憂盱。歲暮籠寒風怒吼，隔江迷霧燕相呼。幾回東海戲麻姑。

前調　其二

十載深情不負君。明珠碧玉掩蓬門。紅霞翠黛石榴裙。

淺醉輕顰春易老，迷樓蜃市海成村。高山流水倚晨昏。

前調　其三

臘酒寒凝琥珀光。迷離春霧鬱金香。夜長愁聽踏謠娘。
蒿目山河空淡蕩，流連歌舞斷肝腸。一年無語愧炎黃。

前調

壬申四月，陳振寰教授赴國立中山大學出席第二屆國際聲韻學學術研討會，當為首名大陸中文系學人登陸臺島者。乃聯袂赴臺，暢遊高雄

佛光山、澄清湖，及臺北而別。因賦四闋紀行

深圳羅湖氣象新。高樓拔地阻飆塵。一橋難渡不由身。
半日折騰飢渴苦，大千來去眼眸薰。炎黃族裔不同人。

前調　其二

玉佛華嚴體態豐。暑風微熱海涵空。一壇香火蠟燈紅。
勝地未銷塵俗想，靈山駐錫掃花童。慈航普渡出樊籠。

前調　其三

四月游魚樂滿溪。芰荷幽韻出苔泥。忘情不辨海東西。
九曲橋橫思舊賦，澄清湖畔鵜鴣啼。相逢一笑總淒迷。

前調　其四

西子灣頭鄭氏城。艨艟炮過島輿青。海涯夕照錦鱗平。
絕學宏揚須合作，知音期與辨清輕。十年高會氣崢嶸。

此闋奉和伯元師及燕孫教授原韻，非坡詞也。

畫堂春

柔舸素艇泛晴波。荷花蕩，擦肩磨。偶然姸笑去如梭。

盈耳醉吳歌。翠黛含情似水，紅雲脂冷香和。一湖酣夢彩霞多。星月綴秋河。

永遇樂

奉和伯元師題《戎庵詩稿》

蜀水巴山，一江黃帶，鄉思無限。蓬島風光，碧湖煙雨，酒懶慵相見。交親零落，殘燈苑宇，怕聽相思腸斷。鎮關情、人間天上，夜吟鵑血流遍。　久無詩訊，久疏音問，當日屢蒙青眼。一縷冰心，夢魂常繫，北市雙雙燕。相如雄辯，廉頗英傑，兩岸合消恩怨。讀題詞、詩刊撰就，可供賞歎。

滿江紅

悼吳明欽

星墜遙空，暮雲冷、悲風橫溢。移骨髓、杜鵑啼血，萇弘凝碧。鍊就丹心腸已斷，機能衰竭肝何覓。問上蒼肯續好華年，精而一。　家國事，兼難畢。民主擔，須持日。他生重結髮，與君偕出。遺夙願堪憐兒與女，委身華夏情懷逸。盼皇天后土鑑寒灰，留痕跡。

蝶戀花

花葩山遇雨

亂葉紛紛飄不墮。潑墨寒雲，鷹鷲盤旋過。海雨掀狂吹四坐。尖聲嘶叫幽岑破。　興盡花葩須改柁。遠望淘沙，霹靂驚雷火。天地陰陽激楚些。二洋高會詩留我。

水調歌頭

贈潤華兄伉儷

南國宅獅島，碧海蔚藍天。暑風柔拂輕撫，遺世暫忘年。攜手凌波來去。渺渺神仙苑宇。人境漸高寒。蒼翠繞城路，春意滿花間。

午陰靜，蟬噪寂，夏蟲眠。玉榴香烈，丹嬪山竹味清圓。佳果緣時投合。秀色冰姿無缺。三美樂俱全。雨樹搖窗綠，紅竹翠娟娟。

江城子

二洋風雨濯仙山。渺江天。午雲閒。遍地香飄，花鳥共陶然。獅島晚涼風乍暖，牛車水，月娟娟。

主人情意感拳拳。夢連翩。泛輕煙。物阜民康，同享太平年。均勢平衡須警覺，昂首立，列強前。

南鄉子

乘輿上高臺。獅島華燈亦壯哉。但少高低窮變化，從來。天地須分造化才。　香異醉顏頹。一勺榴蓮剖作杯。天寶物華何所憾，分開。春夏秋冬次第裁。

江城子　鏡海長虹（澳門八景）

長虹倒影鏡中寒。碧山前。一年年。橋上風清，橋下浪花圓。逸勢曲姿跨海住。衝天去。壯心歡。　陰陽晴雨四時看。白漫漫。海波翻。鷗鷺相呼，魚蟹樂悠然。此日承平君記否。攜素袖。共憑闌。

西江月　嫣閣紫煙

十字門前雷雨，怒濤洶湧江中。祥雲輕降救漁翁。天后彩衣飄動。　鎮伏妖魔水怪，人間樂聚春風。萬民膜拜向遙空。媽閣紫煙靈夢。

減字木蘭花

三巴聖蹟

華洋情味。一壁孤懸千古淚。救贖堪憂。學道三巴證自由。　聖神光見。創世藍圖消雨霰。天國門開。雲影波光樂舞來。

洞仙歌

普濟尋幽

檀香繚繞，隱木魚聲後。敲破空華駐纖柳。漸凝情、洗盡怯懦癡愚，脫凡骨、法相莊嚴挺秀。　園林閒步去，同氣連枝，比翼于飛度淸晝。感靈物相倚依，曲院深幽，換晴雨、綠肥紅瘦。百千劫、人間悟來歸，喜相得、容顏悅樂無皺。

浣溪沙　燈塔松濤

熠耀光華四百年。迴環來照內河船。亭亭玉立擬飛仙。
嫣閣青洲連一氣，朝嵐煙雨護朱顏。翠濤擁月半山間。

瑞鷓鴣　盧園探勝

林荒葉老噪城烏。雲影天光蕩釣湖。未揀寒枝棲獨鶴，偏憐秋水浴雙凫。　么荷香冷瑤臺月，叢菊金燃翡翠鑪。尚想玉人臨水榭，瓊軒相並立須臾。

臨江仙

龍環葡韻

極目江天紅樹冷，淺灘時聽龍吟。一行白鷺破重陰。鳶飛魚自樂，人境忒幽深。

水複山縈歐陸韻，敎堂村舍閒尋。不勞跋涉馬駸駸。風光渾一體，長保自然心。

南鄉子

黑沙踏浪

藍墨海平臺。四望黑沙氣壯哉。席捲重洋開浩瀚，衝來。破浪揚帆展御才。

村舍破垣頹。幾戶芳鄰樂引杯。一角青山宜補壁，車開。獅子碑亭舊日栽。

丁巳孟夏嘗撰《獅子亭記》，碑刻黑沙車站。

殢人嬌　秋日呈伯元夫子，時將從遊冀魯

淡蕩秋光，喜又敦豪相見。城河畔燈紅煙軟。閒情歲月，儘醉闌歸晚。尋信步、清江凍雲幾片。　離聚無常，知心不變。詩酒趣都難中斷。從遊冀魯，指江山供眼。詞筆健、東坡佳句吟慣。

水調歌頭　府學胡同謁文丞相祠

歲暮改河嶽，正氣凜千秋。丹心難釋長憾，無限古今愁。最是勤王兵破，賴有貞魂不死，碧血薦神州。慷慨殉柴市，嘯傲振滄洲。　土牢下，府學巷，謁衣裘。棗酸親炙悲苦，囚室久淹留。多少丞相遺澤，展望風波

奇詭，華夏願無憂。有葉皆南向，騰越最高樓。

浣溪沙

登泰山

晴日高秋滿路花。高盤山徑不由車。道旁香溢故侯瓜。
直上天門驚汗漫。閒尋坊舍試清茶。祥雲繚繞聖人家。

前調

訪劉公島甲午戰爭紀念館

黃海風雲竟百年。劉公島上出沈船。抗倭名將位班仙。
軍餉移挪眞作孽，紀綱弛廢愧無顏。波濤千疊湧心間。

定風波

威海中國音韻學會年會賦別作

臨別依依淚點腮。桃源夢短抱花回。揮手送行欽盛意。堪爲。論音述韻七輪開。　威海雄疆相表裏。尙已。百年風雨慨深盃。舊學商量甘役使。隔歲。一簾春雨燕歸來。

陽關曲

行縱飄忽鄧三郎。擲盡乾坤賭一場。酒酣擊筑泣燕市，七夕悲歌辭故鄉。

臨江仙

中秋喜迎伯元夫子、師母度節

三五夜涼秋韻好，盈盈眉嫵初更。兩家同慶喜和鳴。圓圓天上月，皎皎見心聲。　北國壯遊眞快意，尋詩問學聯營。神州調合泰階平。燕孫情意厚，啖餅感先生。

周祖謨先生親將月餅送入北京國際機場候機室。

千秋歲

壬申重九

馬鞍蒼綠。南國秋初沐。萬佛寺，披橫幅。霜飆吹破帽，林徑簪寒菊。風過也，紅萸旨酒揚微馥。　日暖藍田玉。竹居何求肉。水雲意，心難逐。民生哀未濟，剝盡還將復。重陽晚，晦冥冷雨搖殘燭。

南歌子

讀余光中師《三生石》四章，情意纏綿，音詞悽愴。高陽詞丈改作七絕四首，了悟生死，幽睿深遠，因事寄懷，自亦有為而發。

今更借坡仙逸韻演為小詞四闋。

其一　渡船

風笛催行客，關河鬱冷清。依依相送蓼花汀。望盡天長水闊一舟橫。

野岸冰澌亂，滄江流潦平。荒荒古渡柳煙青。喜見春迴雁侶降遙城。

漁家傲

其二　夏夜

漠漠星河牛與女。夜深花睡悄無語。碧海斷雲庭宇暮。人何處。鬧鐘滴答清江浦。

夢土迷茫飄冷雨。一生一夜相隨度。穀雨清明穿牖戶。堪記取。墳頭閱盡春秋去。

雙荷葉　其三尋樹

惺忪月。淸光曾照森森葉。森森葉。玉郎相待，同心緣結。

晦冥零露霜天滑。奈何橋上前塵折。前塵折。來生癡妄，樹根遺缺。

西江月　其四紅燭

三十五年一夢，洞房燭淚微涼。輕煙搖曳繞迴廊。攜手相扶路上。

抵擋四周寒夜，同時熄滅何妨。綢繆雲雨浥流光。眇眇九天凝望。

減字木蘭花　觀天（癸酉）

銀河宇院。閃爍星雲千萬萬。浩渺誰知。屈子呵壁擬問之。

百年十四。冰雪襟懷求所是。忘了情癡。惜取靈光些子兒。

江城子

瀰天霞雨有時窮。乍躬逢。乍匆匆。供眼江山，依舊豔陽紅。華夏廣場連地湧，衝劍氣，壯懷同。

中環灣仔煙光溶。振飛鴻。白雲中。維港輕紗，縹緲海潮通。情繫華洋風月好，新世紀，水流東。

浣溪沙

冷熱靡常夢已蘇。幾回來去使君車。殘陽景緻世間無。

半抱琵琶羞粉面，臨流躑躅惜明珠。不關民意撚吟鬚。

臨江仙

紫殿森森狐鬼鬧，雄碑血濺青靴。遊魂飄蕩已無家。官商同苟合，難譜自由花。　烈士殉身心事苦，可憐舉國傾斜。京華擾攘貴遊車。延年思漢武，方士獻丹砂。

少年遊

迷離世局酷凋霜。焚浴擬鸞凰。來生悽愴，哀音如訴，柳絮任飄揚。　多少船民華夏客，漂洋去，不成章。碩鼠空倉，鴟鴞毀室，天地豈無良。

前調　奉贈羅孚詞丈

十年恩怨息風波。時雨浴新荷。脫胎換骨，亭亭出水，心境自平和。　炎涼不是人間世，春長在，且高歌。畫卷清幽，書香傳語，閒宴暢懷過。

滿庭芳　伯元夫子過港不入

萬里雲天，新詞麗句，詩人老境嵯峨。長江來去，佳興故園多。膜拜蘄春古墓，低迴處、幽咽悲歌。二三子，青山一髮，心事紹東坡。　如何。相送罷，沙田無賴，日月如梭。儘詞事凋零，不惹微波。世道人情漸改，淒涼意、難植柔柯。江湖遠、羲皇有夢，掩卷夢輕蓑。

南歌子　閨春

盡日傷慵困，青山卧晚晴。紅霞豔抹小窗明。看看幾回雨過彩雲輕。　花事嗟零落，朱蘭結未成。春風兩度誤紅英。莽莽人間歧路不堪行。

江城子

菖蒲零雨曉風纖。卷緗簾。映朱檐。急箭驚湍，舟楫舉旌帘。一鼓衝波爭勝負，跨汗漫，羡蒼髯。　狂鯊游弋海厭厭。浪翻鹽。血腥甜。解道楚天，煙淨隱憂潛。遙祭汨羅思屈子，拋綵粽，莫相嫌。

滿江紅　七月一日

千里晴煙，凝寒日、海天涵碧。遙騁目、明珠閃爍，霓虹增色。翡翠幕牆新世界，繽紛影視神仙客。笑紅塵滾滾誤華年，從何說。

鴉片史，休重讀。餘四載，彌珍惜。黯江城風雨，魚龍蕭瑟。一覺黃粱囚蟻穴，夢回鄉國倍飄忽。渺神州何處樂清平，迷雲鶴。

水龍吟　呈嘉有詞丈

蓴鱸菊蟹清江，無端幽思秋風起。紅樓紫陌，香塵軟霧，少年酣醉。燕谷園林，崑山歌曲，歡諧魚水。念吳中名士，桃花碧血，詩書畫，談笑裏。

最是人間謫

後，莽蓬壺、間關千里。田園蕪穢，天心叵測，可憐遊子。海角棲遲，風雲變幻，傷心難記。嘆香江雨潦、縱橫激蕩，恁淒涼是。

江城子

東瀛雅夢不須醒。玉眸明。暗波生。淺笑含顰，辛苦愛苗耕。赤阪春深風景好，天不妒，翠巒晴。　海西琴瑟未和鳴。柱樑傾。雨雲橫。堂燕無情，築壘紫垣城。方士丹砂多妙算，增歲月，禱遐齡。

定風波

阿里山

萬綠森森滴翠聲。幽光靈雨漫閒行。百代煙嵐驅快馬。

休怕。槎枒神檜幾回生。濃黛氤氳熏不醒。微冷。金針紅豔笑相迎。消受寒潭清絕處。尋去。海雲微卷玉眸晴。

浣溪沙 姊妹潭

水複山重繞碧溪。衣衫拂綠卷雲泥。綿綿悠夏翠蟬啼。

玉女羞顏傾粉黛，橫波柔媚卧橋西。荒林無賴一聲雞。

西江月 石家莊《詩經》大會

玉米田連千頃，白楊挺立重霄。二南風雅最堪驕。遙望河間芝草。

欽仰毛公勝跡，恭聆詩教瓊瑤。溫柔敦

厚搭長橋。兩岸同文催曉。

前調　趙州橋

斜日趙州古渡，白虹橫卧平泉。洨河橋上會神仙。朗朗紅樓瓊苑。

饕餮凌空飛動，桂蟾出水新圓。敞肩弧拱色鮮妍。楊柳清風拂面。

漁家傲　抱犢寨

雄寨奇兵龍虎踞。淮陰背水功成處。萬骨號啕聽鬼雨。衆生渡。悠然卧佛山中住。

索道凌空穿曉霧。長城八陣無人馭。飲罷天池招羽鷺。呼儔侶。聯翩振翼滄州去。

虞美人

曲陽北嶽廟

幾回浩劫天難曉。蠶食廊檐小。山門墟市雜人流。滿目頹垣敗瓦覆神州。

漢唐大夢堪陶醉。望嶽揮長淚。魏碑元石委塵埃。佇盼乾坤重整早春來。

浣溪沙

奉呈夏傳才教授

湖海相逢不計年。先生豪邁自悠然。一壺風月石門緣。

彌勒常懷開口笑，酡顏霜染月眉娟。裁成桃李錦心纏。

減字木蘭花

雲崗石窟

雲崗雲起。千佛雕浮巖窟裏。曼舞飄香。菩薩傳經一里長。袈裟紋軟。鬔篥笠篌迷早晚。天女飛輕。回首繽紛灑落英。

前調　懸空寺

懸空險殺。絕壑雲樓千萬態。三教如賓。消盡貪癡怨恚瞋。牛羊來飲。背倚翠屏豐草恁。楹柱丹紅。棧道眩搖陣陣風。

前調　五臺山

碧潭霜墜。煙霧凝寒籠曉翠。仙意蹁躚。五頂文殊黛綠妍。清涼消困。一勺神泉香潩噴。遣盡悲歡。緣訂靈山相對看。

前調　壺口瀑布

山川壯麗。虎吼龍吟驚智慧。秦晉咽喉。高壑深溝激浪收。

黃河九曲。峽谷翠濤靑斷續。和麵深情。野店燈昏星燄擎。

前調　平遙城牆

平遙佳氣。鬱勃蟠龍蒼莽懿。城垛歌謳。百代光陰駛電流。

雲濃雨細。漠漠田疇梳綠髻。邱壑忘情。楊柳江南春水生。

滿江紅　嶗山太清宮

翠陌蜿蜒，雲海傍、滄波增綠。奇石韻、仙墩起步，瑞雲團簇。渡盡人間兒女愛，修成天地乾元足。漫耐冬絳雪一番紅，憐香玉。　神泉水，琤琮曲。山鳥幽，松聲續。凌霄擁霜柏，渾忘榮辱。憑仰仗黃楊山樹挺，茂林千頃誇喬木。問何年、五嶽倦遊歸，三清宿。

漁家傲

小青島

海上白珠塵不染。碧螺青髻光明點。振翼輕鷗飛一箭。看不厭。洞天深處流年貶。　此去扁舟嗟未敢。紅塵四望虛名忝。坐聽寒濤風冉冉。秋已漸。梧桐葉落春心減。

定風波

大明湖觀日出

湖水微茫赤練光。紅銷翠減芰荷香。搖落蓮蓬秋意晚。舒捲。流霞吐豔曉陰涼。

歷下波心青漲腫。時用。柳條深處訪辛郎。玉帶橋橫千古夜。花下。海濤風雨嘯西牆。

大明湖南岸有稼軒祠。

水龍吟

奉賀伯元夫子六十花甲

嵩雲佳氣呈祥，春風涼靄繁霜墜。芳菲競豔，青蔥裁錦，流霞綺思。雕琢文林，壅培詞苑，微言深閉。更論聲析韻，抄書暴富，振高鐸，人驚起。

喜見斗回周甲，慶今朝壽康眉綴。蒼松挺秀，孤標江表，金甌補碎。膏雨停雲，栽成桃李，高山流水。愴時艱莽莽，河山萬里，有英雄淚。

蘇軾在儋耳《與程秀才書》云：「兒子到此，抄得《唐書》一部，又借得《前漢》欲抄。若了此二書，便是窮兒暴富也。呵呵，老拙亦欲爲此，而目昏心疲，不能自苦，故樂以此告壯者爾！」

定風波

冬至前一日隨沈謙、陳長寬二兄

貓空品茶

微雨寒凝日月光。綠筠碧筍谷雲香。冬日窈冥山意晚。風捲。一回閒坐一回涼。

疊巘層巒青漲腫。同用。貓空時念沈陳郎。冷凍茶消天已夜。簷下。迷茫燈火越山牆。

洞仙歌　花市

亭亭新浴，洗鉛華清汗。蟬鬢步搖態匀滿。翠雲香、撲撲粉蝶霜衣，冰雪貌、回首芳心凌亂。

花叢留倩影，奼紫嫣紅，桃萼繽紛綴銀漢。百合競風華，梨白橙黃，人間色、嬌顏羞轉。最難得、春光耀寒金，黯狼藉、明朝斗移星換。

念奴嬌　歲暮

香江歲暮，漸風雲緊悄，悲歡無跡。火困滙豐無出路，血冷冤魂凝碧。情變屯門，傷心淚盡，炸破瓊樓國。奈何橋上，煙光蘭桂歷歷。

因甚戾氣凝腔，愛翻成

恨，匆匆皆過客。萬象都隨春意老，只剩三年朝夕。虛實相生，陳倉故事，顛簸扶搖翼。茫茫南土，幾聲哀竹殘笛。

南鄉子

甲戌煙花匯演

風靜雨雲收。櫛比瓊樓冠五洲。硝彈煙珠燃彩霧，飛颼。千樹銀花競仰頭。

色相總難酬。火箭沖天幾度秋。烈燄虹霓迷幻影，都休。佳節歡愉不解愁。

哨遍

天壇大佛

眺接重洋，緣結木魚，生死忘情累。蓮臺上，趺坐覺迷歸。仰尊容光明遍是。露漸晞。風煙吹散乖妄，眉如始月呈紅稚。觀玉髻銀毫，頰車圓滿，牛王獅子如此。有華嚴寶相啓靈扉。記石窟心馳洛陽飛。構擬龍門，舊跡閒尋，碧山屬意。

噫。不二門兮。毗盧遮那屬三世。右掌無畏印，祓除痛苦滋味。左手與願施，衆生可憫，祥雲永駐佳山水。雖日曬雨淋，漫天霜雹，金身銅鑄無憂矣。更登臨膜拜舍利時。度苦厄回頭得安之。賞天壇、圜丘奇計。三千蓮瓣開遍，恭領如來志。衲衣飄蕩人間佈福，萬國和平歡醉。晨鐘暮鼓不須疑。禱慈悲、人欲寧止。

菩薩蠻

沙田望夫石

岩雕風削凝寒玉。緇衣素靨湘妃竹。流水逝無聲。獅山日月清。　功名嗟未醒。搖落江天冷。夫婿負情人。今宵咽淚痕。

西江月

青松觀

一樹蟠桃蓮霧，高懸簷溜甘泉。滿園佳果供三仙。蟬噪清陰荔苑。　漫步玄玄妙境，壺天理氣融圓。雕梁金碧土花妍。呂祖純陽照面。

卜算子

屏山文物徑

一塔聚星樓，遙壓滄波靜。魚米香雲蔭祖田，春汛桃花影。　淸暑覲廷軒，藻繪書聲省。野徑璋圍百感幽，落日青蘿冷。

醉翁操　對酒

瑩然。醇圜。吹彈。泛湖山。忘言。香檳彩姿空雲天。美人如月嬋娟。閒醉眠。鶯燕畫堂前。任電光隙駒酒賢。　今宵卻盞，心事如泉。篳門冷落，啼遍猿驚鶴怨。時仰高峰絕巔。激蕩深淵長川。徘徊求索年。紅黃迷花仙。淚影有無間。夢深歌渺愁斷絃。

西江月　融和門

十字橫琴鎖鑰，西灣填海圍湖。風雲閒過自舒徐。天柱高標南浦。　莫點硝煙惹恨，漢葡唇齒相扶。劫波渡盡結丹黄。更望融和今古。

水調歌頭

佛光緣森磊觀佛教藝術展

大隱隱朝市，過眼萬緣空。修成睿智，勘破千劫一燈紅。下界洋場鬧熱，上界如來梵唄，天地駐征鴻。偶爾過森磊，圓照物華中。　水沈杉，雞血石，九華峰。寓形宇內，耕讀自適釣魚翁。輕撫嬰胎原玉，暗識洶濛元氣，樹抱壯懷雄。禪悅消塵慮，拂面靄春風。

點絳唇

竹樹開花，天心行健難安宴。茫茫禹甸。泥潦沖臺觀。　流水滔滔，田舍餘無半。長安遠。山河影亂。迷眼鷩梟雁。

好事近

舉世賽金盃，人海狂雷轟沒。走位傳球刁鑽，陣開衝冠髮。炎宵已慣夜眠遲。情牽繫華月。喜遇四年佳節，共熒光遊兀。

滿庭芳

六月三十，千餘日子，黯黯維港煙江。昂頭巨艦，相映古帆雙。鬱鬱蔥蔥佳氣，玻璃幕、雲水流窗。繁華夢，不應過眼，山下太平邦。　摐摐。風雨悄，玫瑰園裏，煙靄迷幢。劇一飲忘情，孟婆盈缸。政改高潮論寢，行其是、夕照殘釭。三年事，虛虛緲緲，過渡急逢逢。

漁家傲　華南水災寄伯元夫子

滾滾西江流不盡。怒濤沈陸波光暈。夢裏佳期無定準。危城穩。殘山剩水三年近。　離聚無常寧有恨。神州北望天心慍。月冷香江添酒困。多存問。關河未忍慳詩信。

臨江仙　調景嶺

四十年來家國淚，荒灣野岸山腰。青天白日國旗飄。尊王窮節見，倚劍入琴簫。　解識干戈恩怨盡，夢殘調景江潮。蓬萊仙桂誤嬌嬈。難塡湖海恨，風雨泣殘宵。

鵲橋仙

炎風逗暑，荔香凝汗，午夢增江蕩漾。寒冰掛綠怯形單，呼鳳侶人間天上。　狂雷疾雨，輕車駛電，今夜花魂奔放。浣花西子謫西園，攜絕色五湖煙舫。

南歌子

風雨狂龍嘯，滄江咽亂流。茫茫水國怯登樓。遍野鴻啼心繫古梧州。　大地沈湖海，生涯一葉舟。秋收無望倚山頭。哭拜皇天后土願心留。

蝶戀花

浮世東瀛圖一醉。飛上穹蒼，爭作神仙婿。煙靄風塵迷縣市。捫參歷井赤松子。　莽莽澄藍雲海地。紅葉櫻花，次第繁華帥。晴屋秋窗無箇事。天邊鴻雁相思字。

醉蓬萊

喜東京港畔，佳日聯遊，節臨重九。水族園中，看領航魚首。歷遍三洋，海色迷幻，與自然廝守。浩浩芳洲，青青草地，有情懷舊。　一輌逍遙午渡，遙指鐵索長虹，濕雲輕嗅。急浪衝波，灑河沿楊柳。十又三橋，偃仰橫臥，神往隅田口。靜倚秋江，閒尋古調，一杯甜酎。

瑤池燕　鶴岡八幡宮

源平兵陣。紅橋困。寸寸。兩家爭戰微悶。來相問。紅裙淚搵。胭脂粉。　降晴霞、銀杏仙韻。鶴岡趁。神宮流鏑幽慍。橫釵鬢。八幡霜暈。凝秋恨。

好事近　東慶寺

淒絕女王墳，幾許鴛鴦離別。夕照梅林寒黛，聽晚風悲切。　疏籬茅舍斷前緣，山遠失舟楫。一樹冬櫻凝恨，惹秋聲嗚咽。

菩薩蠻　登東京塔

長生藥在人難老。凌霄直上仙雲好。灣岸挹輕舟。虹橋孟浪遊。　蓬萊風景著。芳草天涯去。秋意一番詩。

東京四望時。

鷓鴣天　靖國神社

政教相分已隔牆。可憐清濁混泥塘。魚雷艦砲參遺物，

犬塚馬墳死未香。　秋色冷，古祠旁。霜楓銀杏怯重

陽。昏鴉噪晚風雲急，劫火陰霾透體涼。

定風波

落魄江湖遊冶郎。清歌一曲杜秋娘。惜取溫柔憐玉齒。

雲起。微茫風雨海天涼。　還記當時年亦少。歡笑。

人間偏愛綺羅香。今夜吟魂秋夢好。羞道。夢回縹緲過

殊鄉。

南歌子

奉呈古屋先生

威海聆音韻，精微識世賢。琴瑟諧協過湖山。最是翩翩儷影太平年。　煙水蓬萊地，高秋九月天。帝城紅葉酒杯前。早稻田中金菊拱籬邊。

十拍子

富士名山逸韻，四時日月陰陽。車上坐遊如夢幻，紅葉寒林火宅鄉。秋光一路長。　噴薄黑岩膏壤，風雲洗出幽香。玉質煙籠無所見，偶露仙容喜欲狂。雨絲吹又狂。

浣溪沙

雨中遊大東文化大學松山校區

細雨迷濛秋意寒。紅樓鏡水映江灘。迴廊曲繞路漫漫。
花木蒙茸高阪校，珍珠流轉水晶盤。大東祭日樂同歡。

滿庭芳

雨中遊金閣寺

鸞鳳聲啾，鏡湖池靜，閃爍金箔霜帆。煙嵐浴翠，陣雨濕衣衫。陪我風姨過境，幽雲冷、層次非凡。江天樹，穿簾透戶，魚藻競追銜。

巉巉。山寺迥，白雲幽塚，秋滿高巖。漸夕照佳亭，楓葉攕攕。足利將軍別館，扶醉酒、松柏遙攙。京都渺，滄桑閱盡，鴉雀噪寒杉。

水龍吟　出銀閣寺漫步哲學之道

潺潺碧水清溪，西風古道行吟處。林梢翠葉，紅霞縈夢，文思輕翥。古寺幽坊，流觀人境，籬邊閒語。漸黃昏晝靄，東山弦月，寒蟲悄，霜風馭。　擺脫繁華色相，漫追遊、不黏塵絮。空庵洗月，寒沙銀閣，寸心輕許。大字雙蜂，五山篝火，炎燒盤踞。想櫻花粉靨，宮妝盼曉，向煙橋去。

如夢令　奈良東大寺兩闋

智慧慈悲授受。領悟肉身空有。微笑坐紫雲，一瓣蓮花金肘。招手。招手。洗盡塵緣污垢。

前調 其二

古國平城在彼。挹注長安英氣。木殿見華嚴，麋鹿成群遊戲。淨洗。淨洗。滌蕩心靈一切。

行香子 登明石海峽大橋展示館，國父舊居移情閣遷址未見

明石寒川。淡路江灣。暢登臨高塔秋顏。重陽剛過，青髻螺鬟。對索橋長，斜陽外，海天間。　移情閣去，逸仙何在，莽神州難領幽閒。危亡旦夕，風雨江山。有狂濤嘯，濃雲卷，一舟還。

南鄉子

大阪夜歸遊。秋盡黃昏暑意收。古堡兩重城廓穩，勾留。草樹深溝綠似油。　日落燦金毯。月淡星幽雲影流。大閤封臣王霸氣，情柔。蟬鬢佳人傲本州。

漁父

熱田神宮

名古屋，神宮午。幾許熱田花絮。獻茶仕女美儀容，穆穆人間淳古。

前調

大鼓舞

名古屋，神功舞。大鼓載歌盈路。夜深人寂月斜時，心繫沙田幽處。

前調　夜訪梁曉虹

名古屋，南山去。秋月春風閒付。劇憐花果任飄零，難管盈虛常數。

前調　梁曉虹宅中與丁忱伉儷夜話

名古屋，神思舉。佇聽松濤風雨。東南西北喜相逢，月映蓬萊秋渡。

蝶戀花

千日煙花遮遠路。無限江山，難把豪情注。瓊海波光迷白鷺。浦珠香木無尋處。　神鬼蒼生誰可語。渺渺哀音，魂逐天涯去。珍重蕙田欣隴畝。生機蓬勃盈歡趣。

前調

馬祖金門形勝地。海峽微茫，血水濃難比。恩怨情仇須共洗。天空蕩蕩同雲水。　貨殖關譏開兩市。咫尺神州，平地風雷起。畫閣崇樓閒買醉。帆檣雲集遮千里。

前調

石堂夜宴

臘雨寒凝村舍地。忘了塵囂，寧謐無倫比。百載清鐘心似洗。泠泠迴蕩聽流水。　絕技烹調何處市。蟹釀花雕，四座香風起。酒暖情濃人倚醉，凌雲高興蕃田里。

水調歌頭

悼燕孫教授

春風南海路，日月透空明。香江兩度高講，漢魏韻和聲。縹緲雲箋楮墨，幻化六朝煙水，蒼徑幾隨行。惝恍十年事，有淚到幽冥。　北來雁，傳凶問，響雷鳴。中關園裏，細拂楊柳絮絲輕。望遠天涯芳草，多少江波潮浪，心意總難平。學術推前輩，大雅久心傾。

西江月　乙亥元宵

點點黃昏零雨，今宵待月眠遲。情人元夜喜同時。賴有芳心可寄。　海港花燈燦照，瓊林高宴雄辭。春風淡蕩拂瑤池。佳節與君同醉。

定風波　南迴鐵路

隧道幽幽出坳堂。柔光翠黛耀金芒。一刹靈明春夢裏。

人事。萬山深處鳥聲涼。　夜氣高崖天色醉。應是。黃昏海晏過殊鄉。沙白脂柔綃縠似。惜取。微聞嬌喘秀雲張。

滿庭芳　黑珍珠

烈日蒼園，檳榔椰子，屏東熱帶風光。田疇綻綠，蓮霧浴晴妝。款擺腰肢裙幅，回眸笑、歌舞雲裳。珍珠黑，海潮拂夢，神采更飛颺。　人間懷豔質，霜華日月，不比尋常。紫荊盈十里，宮粉牽腸。水底寮中訪遍，相對語、情意偏長。煙波渡，輕攜素手，隨我邁高唐。

浣溪沙　懷念鄧麗君

星隕長空舉世驚。柔腔麗韻奪春榮。回眸一笑玉顏頳。
江海閒遊清邁客，銀河璀璨傲梅兄。九州酣夢總思卿。

西江月

寧福樓喜晤鄭愁予

昨夜暗雲雨霧，今朝旭日晴通。金山降席接春風。木舍臨湖星夢。
慷慨悲歌易水，詩心酒熱殷紅。相逢笑晏三杯穠。意氣壯懷飛動。

寧福樓在臺北市金山南路二段，車水馬龍，故以臨湖爲喻。木舍易水，均用《燕人行》詩意。

浣溪沙

與秋雄兄遊陽明山

零雨熏風綠滿田。琉璜香烈記前緣。輕車遼鶴過遙天。

半日玄談方外夢，四時花事總欣然。陽明山好惜芳年。

木蘭花令

奉賀雨盦夫子七秩嵩壽

炎雲炙地蒸濃暑。焦土江淮朝與暮。忽然六月降春風，仙樂繽紛飄錦雨。
輕搖紈扇蓬瀛去。詩酒歌哭情可訴。蘭亭蜀素注精神，大度山中題幾處。

臨江仙

補意

旭日彤霞光海嶽，蓬萊不染纖塵。鳳凰棲老碧梧溫。珊瑚紅網樹，翡翠綠松筠。
風雅騷辭皆慷慨，歌詩揭響入雲。有時揮墨更含顰。羲皇來入夢，相對古稀人。

虞美人　貓鼻頭

天涯地角連芳草。悄立懸崖小。珊瑚礁石褶裙開。雲影波光彩日捲潮來。　澄藍溶綠留深愛。悠蕩孤舟在。迷茫海色幾回同。淡掃輕描浩宇起長風。

八聲甘州　鵝鑾鼻

又乘風千里壯南行，鵝鑾澹懷歸。記排灣人語，船帆片石，燈塔清暉。湧出鯨濤鼇浪，萬載景全非。無限桑田意，滄海忘機。　我亦鮫宮遊侶，過嶙峋迷穴，高下煙霏。似文魚穿插，拂水藻綿稀。更晶瑩靈珠玉蚌，願永諧歡好不乖違。武陵路，多情龍女，相顧牽衣。

西江月

鹿耳門，鄭成功登陸之地

金廈風雲澎湃，不甘滿族招安。忠臣孝子試朝官。日月丹心可案。飛渡鹿門天險，河山光復何難。臺灣海峽捲狂瀾。歷史千秋公斷。

臨江仙

南鯤鯓代天府

急水溪沙浮島汕，榶榔白樹含情。五王巡狩海波平。帆檣金粉碧，仙樂載船行。香火綿延三百載，鯤鯓天府隆榮。魚鹽豐饒稻穀登。袞龍環柱石，燕尾瑞雲生。

南鯤鯓代天府位於臺南縣北門鄉，奉祀李、池、吳、朱、范五王，疑爲明末反清義軍，漂流來臺，因附會神靈傳說。廟始建於康熙元年。鯤鯓乃海上沙洲，遠望似鯨魚。廟後有白榶榔樹，相傳爲神靈託身之所。廟宇顯赫壯麗，香火鼎盛。

木蘭花令

登新光摩天展望臺

觀音山下煙波闊。二水相交風哽咽。登樓四望不勝情，淡水圓山青一抹。

芳菲鋪錦琉璃滑。聚寶盆中觀七八。森嚴法界玉玲瓏，佇待夜空星與月。

生查子

澳門筆會諸公招飲賦答

渡海細論詩，不覺紅塵暮。漢晉數風流，夢向長安去。

夜飲麗濠春，玉宇籠仙霧。綺蔚粲高譚，忘了來時路。

青玉案

呈夏傳才教授預祝北戴河《詩經》國際研討會成功

秋聲初泛燕雲路。惜良會，難來去。鷹角鯨鯢爭競渡。老龍滄海，長城內外，盡是尋詩處。　石門月色思朝暮。賴有雲箋繫佳句。東望聯峰心暗許。風騷鴻業，壇開微笑，灑落拈花雨。

鷹角亭、東聯峰山均在北戴河海濱廿四景之列；附近老龍頭乃明長城入海處。

浣溪沙　七七

五十重光世態新。宛平風靜惜芳辰。寬懷長保四時春。

炮火盧溝凝碧血，狂流匝地齒寒唇。千秋俎豆拜先人。

清懷詞稿·和蘇樂府 卷下

清懷詞稿·和蘇樂府

黃坤堯

卷下

減字木蘭花

高雄鮑宅品茶（乙亥）

暖冬晴午。葉靜花柔蜂蝶舞。車路迴廊。萬壽山莊草樹香。澄藍海霧。天際白鷗翔樂處。西子波光。倒映清茶滌俗腸。

前調

旗津晚渡

旗津麗景。閃爍燈波留倩影。海雨霏微。悄立船舷風振衣。夜涼酒醒。海角珍饈羅市井。彩袖輕麾。夢繞長灘白雪肌。

前調　遊九龍寨城公園二闋

寨城冬午。鶯燕翩翩花樹舞。幽徑長廊。聖誕紅開嫩菊香。　撥開迷霧。鼠蟻蟲蛇奔異處。重睹陽光。古道衙門感熱腸。

前調　其二

古城策杖。悄立南門新月上。鬼斧神工。漫染園林夕照紅。　獅山絕勝。高廈桑田驚夢醒。淨土無涯。種出人間四季花。

木蘭花令　樹衡兄為寫「清懷詞鈔」冊頁

平川漠漠嘶風雨。龍血玄黃爭戰處。蘇黃翰墨寫因緣，一管狼毫抒素杼。日斜人靜雲邊路。蝶老鶯柔星月舞。悠然歸棹臥蒼茫，酒興淋漓增意緒。

滿江紅 呈林佐瀚先生

濠鏡相逢，辭鋒勁、沖天羽翮。看熒幕、曾聽一字，文思雲疊。今日論詞增意緒，漫從疏密彈悲瑟。倩清華紅袖滿樓招，驕華髮。　卅年事，爐峰側。傾美酒，狂情說。漫人間幽夢，只關花月。我亦漂零湖海客，霜天曉露愁風色。想葡京閒坐笑談詩，霏霏雪。

臨江仙 奧克蘭（丙子）

一抹暗雲籠晚照，驅車伊甸山遊。平原四望洗牢愁。星棋清秀苑，翡翠水晶毬。

受難節前秋色動，南風吹泛寒流。藍天碧樹映江樓。人間留淨土，世外遣閒愁。

殢人嬌

登維多利亞山

幻海迷藍，晃漾琉璃夢界。蕩平波千帆無礙。島林沃壤，看火山神采。方圓地、奇維錦春長在。

浩浩長橋，溶溶嬌態。蒼茫意晚雲晴黛。風煙散盡，換了柔茵瑤佩。招萬點繁燈，寶車流帶。

西江月

遊螢火蟲洞

玉樹碧沈海底，一番幽喚春風。銀河星斗挂深叢。搖蕩綵舟飛鳳。　閃爍光傳暗紫，口中輕吐絲紅。生涯九月轉頭空。多少翠蛾愁夢。

鷓鴣天　一樹山

一樹擎天髮盡翹。蒼茫峭立亦妖嬈。火山椿木毛利寨，古鎮豐碑約翰嬌。　芳草地，滿山腰。綠茵柔被雨雲消。牛羊雞犬閒中過，萬化同塵倚牧簫。

戚氏　浴佛日遊花郎護國禪院

佛岩山。祥雲曉日降神仙。四月嘉辰，孔陵高阜泛蒼煙。情閒。樂悠然。芳郊翠甸淨娟娟。官兵吉誕隨喜，萬民潮湧泰陵邊。校場修武，彎弓射日，石雕張力渾圓。有旃旗蔽野，師旅雷動，風雨連綿。　游侶漫解鞍轡。停車上道，喜樂悅心田。蓮燈燦、紫紅黃白，色彩翩翩。牡丹筵、入耳梵韻和絃。寶駕駐蹕來天。敬香頂禮，美果鮮花，灌沐修潔芳妍。　軍隊花郎好，立忠悃志，獻妙華年。護國修成禪院，更成仁戒殺衆生連。紅魚玉磬響靈泉。故山北望，西楚分河漢。遍餓殍、蒿目愁非淺。唱悲歌、空慘瀛寰。布穀啼、揮涕哀還。杜鵑花、慷慨餞吟鞭。望長街去，明年柳陌，草樹香妍。

五月廿四日浴佛節乃韓國國定假日。陸軍軍官學校開放一天，校內花郎護國禪院香火尤盛，參拜頂禮，絡繹於途。韓語花郎指年輕軍人，前總統朴正熙、全斗煥、盧泰愚皆出此校。

浣溪沙

重過東鶴寺

日照雞龍洗俗塵。高臺笠帽誦經人。茶香迴蕩佛緣眞。
爛漫山花禪意寂，迷離曲水紫藤春。華嚴隱秀一番新。

歸朝歡

申貞熙宅和雨盦師《木蓮花》

蘇小生來迷野澤。縞素霓裳偏尚白。不爭春意鬥芳華，天涯地角生危壁。西窗雨淅淅。含羞凝睇憐孤客。傲霜姿、君懷長繫，休向紅塵擲。
明日雲帆思挂席。聚散無憑淚沾臆。扶餘回首認前身，茜裙曼舞添愁色。佳人難再得。輕嚬淺笑情何極。散香雲、燈前枕下，今古神魂隔。

水龍吟　重過青草湖

朝雲曉日清佳，湖心草漲青無際。雜花生樹，啁啾啼鳥，遠離塵市。爽氣山光，蒼煙嵐翠，人間幽事。看渭濱漁隱，嚴陵春釣，猛回首，廿餘歲。　遙想當年遊侶，蕩輕舟、曲江淺醉。文魚躍錦，澄潭弄影，霜枝映地。仙袂飄飄，清歌碎玉，一時風細。剩遺簪墮珥，零香舊粉，向寒波寄。

木蘭花令　宿煙波大飯店

古奇峰下山光好。野徑燈昏行客少。夜雲驅夢月華開，青草湖風搖淺島。園林清寂蟲吟傲。客雅幽溪傳巧笑。城隍廟攤暫忘愁，飲罷彭家閒醉倒。

齊天樂　廈門秋日佳會，依清真韻

五湖四海詩文會，鷺江相逢炎晚。魚市腥雲，蠔田翠浪，錦繡霓裳新剪。篔簹岸掩。遍綺閣瓊樓，瑤圍金篳。鄉國升平，海滄新建肆舒卷。　秋風吹散濃暑，黃昏才過雨，涼思無限。孔府家香，閩村小食，難禁酒腸輪轉。天涯未遠。有一曲清歌，繫人觴薦。金谷蘭亭，盡歡愁黛斂。

湘月　胡里山炮臺，依白石韻

百年古炮，對湖山寂寞，千萬風景。炎暑來遊，天海闊、白日青雲高興。鴉片煙銷，魚雷沈落，一二行人冷。蒼巒龍虎，翠帆悄度明鏡。　遙望大小金門，榕陰搖綠，怒濤橫兵陣。恩怨方消，宜化解、兩岸合添佳勝。戰壘秋光，海崖夕照，佇待春歸信。馬山回望，模糊淚眼猶省。

一九七〇年嘗從金門馬山回望廈門，景物依稀，淚盈於睫。

木蘭花令

朱志強伉儷招遊同安

同安馬巷風情好。桐梓幽居人事少。前清村里耀斑斕，微漠海山涵遠島。　巍峨祠第江天傲。紅袖書聲留淺笑。依依梅柳燦春光，煥發詩才眞絕倒。

前調　贈熊東遨、周燕婷伉儷

人間解識金風信。玉露新橋抒怨慍。漫將詞句寫相思，一曲唱隨絃線潤。　含情初綻嬌苞嫩。軟語商量勻素粉。忽然眉斂眼波流，夢過洞庭湖水困。

菩薩蠻　奉答伯元夫子

沙田風雨蛟龍出。城門水闊江波溢。日月逐清歌。雲山疊翠蛾。　酒闌光影亂。入破琴絃斷。回首夢魂虛。齊煙一點珠。

前調　丙子中秋呈蘇公，並憶「蟾魄光餘

十四年」雋句

人間偏愛中秋月。霜華澄淡無瑕缺。劍氣粲吳鉤。清光滿畫樓。

歡言蟾魄好。願乞蛛絲巧。時變感前知。高冠佩陸離。

木蘭花令　蓮花山

蓮花城上登殘壘。獅子洋開千百媚。雄邊儒將護江干，北極朝廷何酩醉。

觀音金箔寒光沸。峭壁飛榕探雅意。神工鬼斧石場深，出沒燕巖煙谷裏。

或說林則徐嘗於石場岩洞設臨時將帥府。

菩薩蠻　餘蔭山房

浣紅跨綠開宮扇。古藤深柳迴廊轉。疏徑翠魚驚。芰荷香粉零。　玲瓏亭榭草。搖落秋心老。幽夢倒流間。奇光一百年。

滿庭芳

番禺謁屈大均墓

新造沙亭，春秋吉旦，一行車隊繁忙。千秋俎豆，形勢要人強。猶幸祖墳同穴，齊抵擋、雨橫風狂。陰霾散，神州光粲，俯首拜詞場。　難量。江海志，飄零紫塞，僧道無妨。更綺懷幽約，兒女情長。且買陂塘養志，魚龍寂、火傘高張。三百載，嶺梅香烈，代代綻清芳。

西江月

呈伯元夫子

九月香江宴聚，晚雲涼染輕綃。人間長繞酒腸燒。遠望帆檣煙裊。　冬節相逢臺海，無風無雨平潮。鳳笙彤管惜良宵。燈火通明皎僚。

華清引

苗栗摘草莓

圓墩地熱湧溫湯。曲水虹梁。揭開汶錦春色，氤氳綠野旁。　朝陽柔被一床床。紅珠嫩葉青蒼。晶瑩圓露滴，香氣溢山牆。

左老師開車沿汶水溪入山，並於泰安鄉錦水村品嚐鱒魚土雞。

水龍吟

題《嘯雲樓詩詞》（丁丑）

明堂仙雨疑眞幻，翠瀑蒼崖猿唳。司空原上，翰林書舍，騷魂飄至。天地鍾靈，山川毓秀，人間珠米。更北湧溫湯，南連皖脈，承平日，風雲起。　一夜孤飛千里。訪劉郎、酒懷幽寄。黃金劍影，掀髯冷笑，彩霞紅綴。三代傳詩，九華神雋，浣花春水。怕玄黃碧血，哀吟龍戰，化憂時淚。

菩薩蠻　回文七闋

翠禽仙樂聲盈耳。耳盈聲樂仙禽翠。春水漲黃昏。昏黃漲水春。　細絲抽絮墜。墜絮抽絲細。顰笑憶愁人。人愁憶笑顰。

前調　其二

柳絲飄絮晴光晝。晝光晴絮飄絲柳。香夢曉風涼。涼風曉夢香。　手連雙節藕。藕節雙連手。郎愛想天長。長天想愛郎。

前調　其三

井心搖月銀波冷。冷波銀月搖心井。羞語解君愁。愁君解語羞。　影單長夜永。永夜長單影。樓上一聲秋。秋聲一上樓。

前調　其四

雪膚霜豔明眸頫。頫眸明豔霜膚雪。欺冷怯單衣。衣單怯冷欺。別懷憂恨結。結恨憂懷別。歸晚意遲遲。遲遲意晚歸。

前調　其五

落花流水春情薄。薄情春水流花落。遲日晚雲依。依雲晚日遲。夢愁哀笛弄。弄笛哀愁夢。郵遞乍含羞。羞含乍遞郵。

前調　其六

火榴丹鳳珍珠顆。顆珠珍鳳丹榴火。瓊佩舞衣輕。輕衣舞佩瓊。暈紅香臉印。印臉香紅暈。閒夢午妝殘。殘妝午夢閒。

前調　其七

嶠雲遮月孤星小。小星孤月遮雲嶠。窺臉隔疏籬。籬疏隔臉窺。
老容秋雁到。到雁秋容老。離亂映寒枝。枝寒映亂離。

浣溪沙　贈馮瑞生

臺港春遊事竟成。赤坭坪路暫忘情。墾丁彩幻海天傾。
南國湖山迷翡翠，依稀曉夢誤啼鶯。可憐風景欠分明。

前調

一夜嚴城刁斗霜。釣臺春祭黯淒涼。鮮花涵淚泛清光。

七級狂濤圍炮艦，九州風雪覆斜陽。漫留青史任雌黃。

前調

歸國不同去國奴。柴家少婦粉顏朱。一顰一笑頰凝酥。
舊日情懷春夢斷，飄零湖海四夷書。秋風鐵馬決枋榆。

前調

柯受良飛躍黃河

雪浪翻空奮四輪。黃河壺口薦芳樽。轟然雷掌萬山昏。
絕塹驚濤誇特技，衝天彩彈渡江雲。人間飛躍壯詩魂。

前調

哀望京門六月霜。維園一炷黯幽光。燭花凝血淚花黃。
忍看國殤擎玉柱，難塡慾壑鼠偸嘗。人間殘月鬱金香。

減字木蘭花

蜿蜒花路。獨上古奇峰上去。山樹斜傾。浴翠浥霞醉鳥聲。普天宮老。關帝聖君行駕到。香火相循。鞭炮喧喧歌舞人。

無愁可解

崛起英倫，縱橫傲世。歷嘗勝敗滋味。儘辭鋒蹈厲，竟輸卻整局底。一葉東來執鼎耳。逞謀略、捭闔藏裏。政改議、騾捲波瀾；激浪漸弛，此時愁未？料理。歲月清華，五年過、開明透明堪利。坦蕩垂典則，解道人權必是。美食無分我與你。莫強說、國情之外。待平心靜氣，千秋綜評，議功過、天難醉。

哨遍

筆架瑞雲，維港碧波，璀燦新天地。風雨過，草樹愈蒽蘢，鬱蒼蒼五陵佳氣。萬象復甦潛龍動，鳳凰振翅，標格芙蓉水。觀繡帶金鐘，瓊樓廣廈，參差旗嶺寒翠。仲夏夜煙火綴金枝。幻彩蝶紅飄萬千絲。急管繁絃，豔粉華妝，一時滋味。　喜香江嬌麗。多少江月風流裏。鯉門帆影，衝波逆浪競伶俐。更奮躍黃河，裂雲崩岸，輕車冉冉凌空起。想百五承平，脫除凡俗，明星光澄天際。倚仙源桃雨漫紛飛。燦牛斗浮槎玉繩低。武陵人、盡歡如意。微茫心事平常，戀戀紅塵世。解除倒數聲中日子，豈減噪音而已。青嶼幹線出陽關，看今天、氣象雄耳！

蘇幕遮

滕王閣贈盛元兄

暑風炎，秋熱惱。湖海相逢，一曲琴絃潤。蛺蝶圖中消午困。浩渺煙波，夢向洪都近。　奏仙韶，調細筍。

絕特瓊樓，蓮步姍姍進。幻彩霓裳催拍緊。人傑地靈，記取泥鴻印。

《蛺蝶圖》乃滕王李元嬰所製，現已不存。滕王荒淫，政聲甚惡。熊盛元撰聯云：「蛺蝶圖中，香凝帝子花間夢；滄桑劫後，簾捲王郎筆底風。」

蝶戀花

中國語言學會第九屆學術年會會上作

幾日行程風雨小。路入南昌，贛撫雙河繞。賓主盡歡良會少。滕王閣下迷花草。

千仞匡廬翻鳥道。造極登峰，論學留言笑。牯嶺天街良夜悄。人間消夏消煩惱。

前調

隨侍伯元夫子返鄉

萬里逃荒餘一口。半紀歸來，歷盡滄桑久。兄妹團圓天鑄就。從今漸解眉心皺。　陽埠尋根山路走。飲水思源，渴念相思瘦。學海從頭堪記否。驪歌又送長亭柳。

浣溪沙　贛州中元夜觀月，贈榮松、麗月伉儷

天上中元桂魄黃。人間乞巧繡針忙。贛南賓館倚新妝。　漫步花叢憐彩蝶，映階松雪凜秋霜。瓊樓雙照鬢雲香。

菩薩蠻

鬱孤臺上雙龍見。清江妙韻盈瓊管。章貢仰高賢。身當天下先。　幾番風雨困。春滿南康郡。俯首拜詞人。

蘇辛最絕倫。

蝶戀花

通天巖

寒谷生春盈爽氣。雙桂紅樓，午夢昏昏睡。斷續蟬聲如有意。微茫淸角將軍起。　振翅鳳凰巖壁際。二虎金龍，唐刻神龕似。藝苑詩壇披玉蕊。傳經更待陽明子。

王陵基建雙桂堂以羈囚張學良，號將軍樓，然未嘗入住。翠微巖雕刻頗類隋唐風格，而觀心巖則爲王陽明講學之所。

減字木蘭花

登峰山

群山拜倒。傲立贛南浮翠好。丫髻相扶。寶蓋澄霞玉女壺。　蜻蜓煙草。章貢北流奔遠道。酒暖香蘇。回首來時路已無。

峰山原名崆峒山，主峰古名寶蓋峰，海拔一〇一六公尺，乃贛州最高峰。與主峰相列者有玉屏山、席帽山、金際崠、丫髻崠等。

前調

陳之敏太老師招飲賦謝

贛州嘉獻。美酒佳肴消漏箭。狼藉杯盤。荏苒春光五十年。

廉泉月白。棗綠橙黃居士擘。八境詩香。夜話蘇陽杜麗娘。

前調

訪陽埠舊墟呈陳金伯詞丈

舊墟鄉下。歲月如流春去也。風雨鳴梭。肝膽崑崙奈老何。

青山相見。房舍儼然皆不變。環珮珊珊。臘雪梅花劍影寒。

浣溪沙

九江探花橋祀陳子壯故宅

雨過秋涼一日遊。儒林高義壯歌謳。探花橋上水安流。

志士求仁償大欲，蒼松挺翠渙香柔。四時祠祭不曾休。

一叢花

戴妃猝逝

紅顏光豔燦華年。熒幕笑顰妍。人間天上春歸早，黯風雨寂寂愁邊。宮夜漏寒，長街花海，幽恨永難圓。

和平行旅遍關山。銷盡地雷煙。樊籠未鎖金絲鳳，舞翩翩曼妙春先。玫瑰前身，哀琴風燭，湖島暗香眠。

虞美人

贈東邀燕婷（戊寅）

人間喜得春心在。不信山河改。偶然風雨怨更闌。一霎天清月朗曲中彈。　神州迷霧天難曉。迤邐群峰小。
莫邪干將振清音。合奏梅花鐵笛氣雄橫。

臨江仙

敦豪宴聚喜迎伯元夫子

愧道詩才嫌老鈍，半年劇斂鉤鋩。二毛映雪凜秋霜，雛
魚無量劫，何處避風塘。　故人星散情難已，酒懷久
未生香。喜公重訪瀝源鄉。沙田留宿醉，引領望華章。

阜羅特髻

鹿頸觀鴉洲鳥島

采菱拾翠，渺鶴藪鴉洲，仙源難得。采菱拾翠，喚曉山
迎客。清溪水采菱拾翠，泛幽思漲綠柔藍結。采菱拾
翠，喜地天人合。　春日采菱拾翠，映霜姿歌拍。鷺

鷺舞采菱拾翠，海沙碧幻透琉璃滑。采菱拾翠，嶺下梧桐覓。

減字木蘭花

過梧桐山麻雀嶺，嘗有置產意

風柔雨細。翠竹春容鴉雀喜。嶺下桃梅。紅雨繁香次第來。海光如紙。漠漠水田探畫意。高閣晴開。幾點忘機鷗鷺回。

前調

王維林

武林多藝。獨拒兵車誰第二。急鼓繁絃。戒殺先將指令傳。天安門小。正氣高標群醜倒。人海爲家。燈火闌珊可遇他。

美國《時代周刊》（Time，一九九八年四月十三日）選出本世紀最具影響力之政治人物二十人，亞洲有甘地、毛澤東、胡志明及Theunknownrebel四人獲選，後者以王維林單人力拒坦克之新聞圖片爲代表，僅屬象徵意義。

烏夜啼

王丹去國

久乏英雄想，偏憐麗質蛾眉。九載侯門深似海，回望廣場時。海上牧羊蘇武，京華濺血哀詩。一顆丹心凝碧日，天地有情知。

臨江仙

寄夢芙，來函頗有歸意

旅食京華哀老杜，殘杯冷炙思量。騎驢緩步怯殘陽。得錢呼酒伴，人世劇炎涼。盛世文章休賤價，都門秋老詩腸。岳西雲水滌愁觴。故山猿鶴怨，大駕早還鄉。

前調　登八仙嶺

吐露八峰饒紫氣，仙姑領袖天東。升階膜拜挹晨風。純陽道長，雲霧一重重。

草徑寒凝霜露白，杜鵑微展芳容。紫紅彤粉怨啼儂。塵緣衰謝，高蹈有無中。

菩薩蠻　孔府美食，寄仲溫兄二闋

孔門佳饌聽高見。食精膾細盈絃管。伊尹老聃賢。烹鮮治國先。

庖廚非遠困。調理臨州郡。系政托良人。經營更軼倫。

前調　其二

秋風濠海仙緣淺。禾蟲足節誰裁翦。野味最時宜。宵深花雀啼。　色香熏繡被。春滿蓮花地。滋味急征輪。
河梁望故人。

臨江仙　諫迎佛牙

千里迢迢迎佛寶，鮮花簾幙重幃。長街梵唄誦經啼。官民三跪拜，愧過首低垂。　百孔千瘡蓬島淚，劫波未渡堪悲。空門遁跡與心違。人間權欲苦，解脫可高飛。

前調　鐵達尼（Titanic）愛情

北極冰天留碧血，哀歌淡淡寧神。金童玉女滌紅塵。淚深蒼海闊，縹緲畫中人。　巨浪吞舟情不朽，緣來似幻猶眞。綺羅纖縷自清純。今宵無限恨，魂夢總思君。

前調　廣州餞春詩會，李汝倫丈命題

迢遞春光歸去遠，依依暗渡長淮。江南梅柳醮清哀。可堪花事了，風雨召人來。　高閣縱談天下事，夜闌酒興歡諧。長歌促拍漏籤催。醉鄉留短夢，主客樂抒懷。

減字木蘭花　北大百年二闋

未名湖白。高塔西山風雨織。喬木林端。遲日梅花映雪寒。　百年春老。科學已輸民主少。四野生愁。去國悲登王粲樓。

前調　其二

人才重寶。規範豈同營栲栳。氣壓崑崙。劍膽琴心淚瀉盆。

商山耆老。冠戴沐猴眞絕倒。聯袂登門。滾滾京塵濁浪奔。

浣溪沙

朝露珠凝浴白荷。含羞玉立綺懷多。臨風拂檻暗香過。

野水籠煙啼鳥怨，亂山吹雨粉顏磨。幾回沈恨咽幽歌。

前調

款擺搖風綠映裾。寒泓斂黛未歸吳。美人如玉怨沈魚。

太古煙光浮曉翠，朝來爽氣傲醇儒。北窗偃卧掩琴書。

前調

新沐香薰淨素紈。龍池花雨鬱芝蘭。漫漫銀漢漲仙川。有限清光融碧落，無端霜露濕雲鬟。不須沈恨怨芳年。

永遇樂　日月潭

日月雙懸，山空水寂，翠泓呼起。渺渺蒼波，悠悠媚靄，豔色爭桃李。霜涵瓊島，光華珠燦，漲綠浮藍千里。散幽襟、冥濛深碧，閒鷗輕點雲水。　匆匆南去北來，人間倦客，無端憂思。風雨飆輪，迷茫涸轍，漠漠湖光醉。蒼崖翠柏，寒蟬草樹，凄切亂蛩聲裏。更登樓、慈恩高境，天心可倚。

菩薩蠻 玄奘寺觀佛祖舍利子

玄奘寺塔登蓮步。蒼蒼翠柏朝天去。塵世淨妖風。西行證佛蹤。誦經心念穩。不惹游絲困。色相有無難。憑空舍利看。

前調 月夜宿九九峰

遐峰淡白煙雲飾。檳榔香烈前山碧。翠色釀醇醪。眉溪欲訪桃。南投歌舞地。花鳥探情意。月上夜涼清。空庭鏡水明。

漁家傲 題張卓夫《未闌齋詩詞》

十載詩情心已許。看花更向葡京去。神殿巍峨春且住。
風起處。神州已散霏霏霧。　鏡海平湖添驟雨。血光
掩映凝紅絮。馳騁驊騮須正路。知君似。狂瀾力挽蒼生
度。

前調　舊金山漁人碼頭

漁父帆檣衝疾鞚。海鷗飛舞青山動。螃蟹豐收充里弄。
斤兩重。街頭淺酌寒雲凍。　漫步獨遊風雨共。電車
巴士閒相送。樂土移民人簇擁。諧世用。美洲一覺繁華
夢。

浣溪沙

學海傳燈逐上流。十年樹木植芳州。鳳笳鸞管醉瓊樓。
夭矯龍蛇凝淚血，滂沱風雨打船頭。忽然一夢幾經秋。

荷花媚　長春第十屆音韻學研討會奉和伯元夫子作

林海雪原碧。松花水、肅愼女眞形格。熔岩留媚韻，天池捲霧，喜波澄山白。
瞬十屆、音韻群英會，共修成正果，諸君同力。辭鋒勁、歡情洽，江城誇綠化，滿園春色。

定風波　僞滿皇宮

遍野哀鴻毒恨長。難堪左衽易華裳。傀儡生涯揮不去。
迷處。共榮荒話太猖狂。　同德勤民殘破盡。悲恨。
煙飄鴉片誤紅妝。樹影森森群鬼看。驚見。平民新塑溥
儒郎。

僞滿洲國皇宮乃溥儀第三次登極之地，建築簡陋，草樹陰深，傀儡囚徒，不類人居。皇宮分内廷外廷，内廷西院有緝熙樓，東院有同德殿；中和門以外稱外廷，有勤民樓、懷遠樓、嘉樂殿等。皇后婉容生活空虛，精神失常，以猛抽鴉片致死。

前調　六頂山正覺寺呈敦化艾毅市長

如意湖濱漫步遲。風和日暖素心宜。六頂山橫蒼翠色，
遙拜，巍峨金粉殿群姿。　白玉盤龍雕繡柱，雲雨，
如來正覺煥丰肌。渤海古城神秘感，天授，太平長繫萬

年枝。

前調　登天池

長白山頭望翠微。天池懸瀑壯心飛。墨雨狂雲輕一笑。豪少。瑤姬凝睇不思歸。

高壑熔岩層疊了。天嶠。黑風口上怯寒暉。心繫碧湖情未老。緣少。空聞香麝浴仙衣。

豪少之少讀去聲，殆即豪客或豪門子弟之意。緣少之少讀上聲，有多少意。余以七月五日登山，風雨漫天，山路陡峭，未睹天池眞貌。報載七月一日龍門峰山體岩石滑坡，石塊滾向遊客，釀四死二十六傷慘劇。司機在黑風口上指壞車仍在山下，風雲色變，氣氛慘烈。

如夢令　榮松兄餐車招飲

四客餐車歡語。正過四平站處。啤酒四瓶香，油豆鵝肝迷路。前去。前去。玉米高粱暗雨。

前調　贈黃聖旻小姐

昨夜從遊孔李。誤食仙家桃子。詩酒笑談生，一覺瀋陽濃睡。多士。多士。盈耳高山流水。

李添富、孔仲溫二兄率門弟子十八人出席長春、丹東音韻、文字兩會，伯元師同行，余隨侍焉。

南鄉子　新樂遺址

凝睇碩人膚。打獵歸來酒滿壺。野鹿飄香爐火暖，何如。窯洞同諧白首初。

恩愛豈須臾。陶器雕磨好丈夫。更感石珠聯一串，欣娛。道是知心體貼無。

前調　遊鴨綠江

午宴酒三杯。乘興遊船上下回。挨近朝鮮江岸過，吟懷。草木蒼涼百感催。

迤邐綠平臺。雞犬人家入眼來。隔水相呼惟冷寞，低徊。久旱雲霓夢亦灰。

前調

鴨綠江端橋，韓戰時朝鮮段為美軍炸毀

風雨鐵闌干。江海迷茫鏡未圓。半截殘橋餘彈孔，駭然。東望遙空道里寬。

華髮換朱顏。幾度征人夢寐間。碧血遊魂招不得，歌闌。五十年來寂寞眠。

前調

八月八日丹東渡父親節，添富、仲溫二兄率門人為伯元夫子賀節，感

賦呈伯元夫子

卅載劇心知。學繼章黃繡錦緋。文采風流人共仰，聆伊。詞作吟成一瞬兒。　半月樂追隨。山水同遊未暫離。更喜丹東齊賀節，橋西。三代生徒共聚時。

占春芳

丹東漢字與文化國際研討會奉和伯元夫子作

秋雨下，丹東港。綠野浴清芳。喜共邊城高會，瓣馨點點心香。　文化意難忘。悵微茫、熠火幽光。千秋漢字開新境，超邁前王。

一斛珠

東港觀潮呈孫忠彥、宋立躍二市長

海濱秋晚。風搖楊柳陰晴半。潮頭猛漲波紋篆。東港新成，賓主同歡宴。巨艦通航供集散。鴻猷大計知何限。臺韓港日招良伴。北國潛龍，起舞翩翩燕。

南鄉子

登天安門城樓

丹紫渥熒肌。漫步城樓欲訪伊。幾代風流雲散後，相宜。檢點鄰家舊舞衣。彩幟展紅幃。蕩蕩廣場宵夢遲。萬衆悲呼聲漸渺，憂時。剩得哀歌一段兒。

意難忘

與伯元夫子、仲溫兄同遊避暑山莊

日鎖空房。想康乾盛世，德業隆長。離宮消永夏，鶯燕理絲簧。湖水漾，百憂忘。更淺酌冰觴。甚木蘭、圍場秋獮，爐炭燒香。三人師友攜將。賞煙波柳暗，曲水荷陽。松風鳴谷壑，天柱磬槌量。菩薩祐、善心腸。奈前路惶惶。黯明朝、傷離怨別，有淚何妨。

浣溪沙

風雨狂濤仰禹賢。長江巨浸浪滔天。抗洪搶險一心連。萬里川源平水土，九州綠化壯河山。滿朝文武惜官錢。

前調　將赴昆明

心逐滇池曉夢飛。商量故訓識淵微。茶花映日鯽魚肥。香格里拉迷中甸，納西歌樂舞仙衣。瀘沽湖畔暫忘歸。

前調　大觀樓品茗

幾朵澄湖豔豔霞。大觀樓外粲金花。繡幃深處隔寒鴉。
如玉如珠茶四道，如甘如苦幻無涯。光陰如水夢如沙。

白族姑娘以雲南名茶四道奉客，曰普洱如玉、如苦、荔枝紅、黑寶珠。

前調

峰巒綿延疊翠蛾。摩崖風雨蕩清歌。龍門香火入雲多。
羅漢臨流青玉鏡。碧雞晴黛美人梭。西山飛渡意云何。

前調

大理來尋洱海頭。古城荒堞舊梧楸。神馳駿馬段王裘。
茶酒琴書三月節，風花雪月四時求。模糊春夢鎖深秋。

前調

三塔凌虛勢若飛。金雞寶頂白灰泥。傲然鼎立拂僧衣。
崇聖祠堂千佛劫，點蒼山腳海波啼。隆隆抗震古人知。

前調　大理晨眺

點點寒雲月掛鉤。晨炊星火綻清秋。須臾工地湧瓊樓。

一往情深餘悵惘，三生緣苦誤綢繆。迷茫人海曙光柔。

前調 寄內

僕僕征衫雜汗塵。幾番來去誤芳辰。廿年情事夢痕新。
解道平凡修善福，乍逢湖海有緣人。相思長護四時春。

如夢令

江岸層巒翠巘。江水平鋪似汴。中甸入雲深，康藏雪山迂遠。凄斷。凄斷。溪草煙橋漲滿。

南歌子

兩日高原上，秋風拂面輕。麗江來去越郊坰。喜見玉龍騰霧雪山明。　石鼓民殷富，飄香蕩粥餳。烽煙消盡一灣清。長保納西民俗紹嘉名。

前調　玉龍雪山

皚皚群峰雪，高寒亘古僵。雲霞深閉探瑤廂。何處金沙神女薜蘿香。　天上游龍境，山中白玉床。百年孤寂野煙涼。何日于飛鸞鳳護紅妝。

前調　長江第一灣

碧水迴環闊，天光雲影來。柳林深處牧羊回。蕩蕩群山萬壑一灣開。　古渡煙波靜，晴川綠玉醅。忽聞驚號角聲催。指點千軍橫渡立叢臺。

前調 虎跳峽

萬里長江水，滄波映日紅。雷奔電駛萬山中。直下滄溟
濺雪碧螺峰。 虎嘯嘶雲雨，珠抛浪拍空。深閨無復
閉簾櫳。今日來尋高峽馭長風。

前調

初聽摩梭曲，悲歌付了誰。忽聞鼓響五更槌。喚醒花房
相送起還疑。 殘月前山路，難描柳葉眉。阿郎重聚
莫來遲。只盼天長地久兩情時。

瀘沽湖畔摩梭族盛行走婚，女子所居曰花房，男子夜來朝去，保留古代原始社會母系氏族之生活特點。

前調　昆明黑龍潭賞梅柏杉茶四絕

黑水祠潭古，蒼林織雨愁。元杉宋柏越崇樓。擬化飛龍騰躍去還留。

媚韻唐梅俊，蟠根點翠毬。明茶傲骨挹風流。喜見一園四絕足千秋。

前調　金殿感陳圓圓遺事

大夢誰先覺，零淚搵羅巾。佳人無復楚腰身。合向太和金殿駐元神。

蝶翅翩翩舞，山茶脈脈春。一年花事一番新。解道紅顏碧血化奇珍。

前調　答林佐瀚先生寄詞

頓悟通心性，天衣雲錦裁。從容一笑百花開。喜共風雲幻變兩無猜。　手足親情重，繁華舊夢灰。有緣覺路轉頭回。我亦飄零湖海獨行來。

江城子　聞林炯陽教授入院療疾，以颱風逼近，倉卒返港，未能探視，以詞代柬，藉申遠懷

颱風籠影過蓬瀛。遠山明。海波平。雲影天光，閒照淡江城。忽起狂濤千尺浪，翻巨浸，湧悲情。　生涯晴雨許多程。振吟旌。笑相迎。百戰沈痾，卜兆見亨貞。遙祝故人康復好，揚故訓，韻和聲。

行香子　奉答仲翁太老師賜函，步伯元師韻

原道仁綏。徵聖情濃。總文章連類無窮。四綱八體，炳耀天封。更明經義，申辭采，衍雕龍。　相逢有日，先敬三鍾。仰高明沐浴香風。源流一脈，翡翠煙籠。望加州岸，陪杖履，整儀容。

前調　寄陳永正

搖漾空明。睥睨公卿。尚空談休論枯榮。久甘寂寞，羞語簪纓。嗟入世深，詩漸淺，說曾經。　羊城雅聚，我亦平平。莽沙田徒負春耕。難諧世俗，風雨身輕。任江湖老，憐粉袖，誤狂名。

廣州午宴，拜讀陳永正新句「入世漸深詩漸淺」，何永沂嘗借用之，今以入詞。

前調

新安文約遊西岸慶雲古洞，飲於敦煌茶藝館及勒流酒家

人海仙塵。秋水波銀。色與空難解難分。純陽指點，有廟參神。映殿前階，窗前綠，眼前身。　西岸慶祠，煙靄言親。飲敦煌滴翠凝眞。茶山遊屐，三兩閒人。向勒流川，風流宴，逐流雲。

千秋歲

伯元夫子和畢《東坡樂府》感賦，指命同作

十年花外。舞扇歌衫退。新世代，詞心碎。千尋波漲碧，一髮山如帶。瓊島淚，蕉風椰雨浮嵐對。　春去

忘嘉會。秋運悲華蓋。二三子，人何在。夢魂拘檢慣，
時序侵尋改。朝復暮，天涯地角珊瑚海。

減字木蘭花　順德呈歐初先生伉儷

中華兒女。游擊戰場攜手去。風雨霏微。劍膽寒光浸鐵
衣。過來人語。半紀承平欣樂舞。壯氣騰飛。招喚
炎黃旅雁歸。

前調　戊寅冬至，曾敏之丈招飲清暉園

清暉名品。花木芳馨裁繡錦。醇酒仙泉。香馥歡酣樂小
年。良宵寧止。陰盡陽生風乍起。蛾月寒山。扶醉
人歸夢未閒。

前調　清暉園聽李育中文說法

漫天禪語。灑落嶺南搔癢處。四體如酥。淺唱清談萬法無。風流絕倒。折柳攀花誰伏老。陽氣新回。步步紅蓮印綠苔。

前調　呈何竹平丈

繁榮安定。莽莽紅塵心念靜。雅調湘紘。學海書樓業可傳。華山夏水。文化弘揚知美意。林下高眠。自在獅山又一邊。

前調　呈梁耀明丈

冰綃瓊蕊。聽曉山房疏影裏。淡月朦朧。搖曳松筠蕩曉風。沐暉臺美。駛電流星箏過耳。巧奪天工。片片仙花映面紅。

蝶戀花

培正車難

六出花飄鄉夢歇。魂冷枝頭，搖落嚴冬節。黯黯京華成永別。萬山深處呼啼鴃。彩鳳翩飛迷百越。火浴冰姿，環珮音徽絕。惆悵雁行零羽折。寒雲愁掩玲瓏月。

前調

歲暮訪舊基督教墳場

白鴿巢邊尋舊里。午樹陰陰，風冷吹衣袂。遠涉重洋濱海寐。韶光不動凝年歲。炮艦縱橫思過未。東印蠻西，逼迫華夷淚。國弱民窮塗毒意。前朝遺恨添憔悴。

前調　治安新論

電視播揚淪劫火。擾攘年年，過渡期難過。醇厚人情觀感破。南歐風物游塵涴。　槍戰無情民氣挫。解結斡旋，帷幄深宮箇。水滸梁山編次坐。屠刀放下開金鎖。

前調　神仙島

聖母天妃分一半。僧道華洋，三島神仙滿。古剎新修爭早晚。玫瑰堂下風雲捲。　疊石塘山滄海淺。漢玉慈顏，再拜愁懷遣。蓮座觀音無繫絆。中西璧合誰人管。

前調　元旦喜迎澳門回歸

自古攘夷尊九五。恩怨情仇，心事纏絲縷。迷你小城千萬戶。漢葡風靡男和女。　九九歸元瓜蒂舉。水到渠成，四百年飛度。戾氣化祥欽牧圉。蓮峰媽閣廉纖雨。

前調　新居夜眺

翠繞南灣緣偶遇。水木清華，銷盡煙花路。塔影洋開燈影去。融和門接朝和暮。　鏡海鵲橋思蟄處。如幻波光，掩映流霞縷。一座葡京相對語。珊瑚寶樹星喧訴。

行香子　聽曉山房訪梅

曉日江風。吹上油桐。舞蹁躚彩蝶歡容。暗香浮夢，熠耀青空。映傲霜枝，仙雲逸，酒懷慵。　霜暉春冷，瓊英曼妙，坐崇臺聽語吳儂。塵緣淨洗，草木龍鍾。悟自然趣，法輪轉，海山紅。

調笑令

董陳配二闋

君父。君父。香港幾番陰雨。可憐霜冷單衣。出谷泉難
暮歸。歸暮。歸暮。大海蒼茫何處。

前調

其二

孤雁。孤雁。遙認英倫河岸。當今誰語齊桓。異夢同床
苦寒。寒苦。寒苦。何必淒然留住。

點絳唇

讀林佐瀚《夜夢亮新》

搖落光陰，修成碩果輕嬌朵。夜窗幽坐。解認今宵我。
功量人生。三倍何求和。藍球壓。再投添箇。得喪

宜參破。

林佐瀚與梁亮新同爲華仁同學，同射藍球。梁氏赴英攻讀博士，歷任澳洲布理斯本大學教授、澳洲化學學會主席等。梁氏自詡功量（workdone）乃常人三倍，英年早逝，惜哉！

前調

九月仙舟，城門河水纖纖縷。晨曦窺戶。一霎過雲雨。

二八年華，多少閒情緒。春歸去。黃鸝啼處。解認當前路。

前調

月滿春深，煙光三月留情恨。挑燈無悶。簪珥輕輕褪。

玉質冰肌，珠淚迷方寸。休追問。相逢羞揾。不是庸脂粉。

前調

彩墨雲雷，小樓幽壑橫塘處。有情應誤。避暑蘆山住。
故國迷離，嶼嶺連朝暮。三生數。幾回晴雨。花委
銷香路。

玉樓春

情人谷，和樹衡韻（己卯）

輕顰淺笑清溪影。搖漾空明春未醒。還珠有淚舞衫香，
去岫無心雲月冷。
落花時節江南景。一曲琵琶滋味
永。人天何處著情癡。明鏡菩提迷五嶺。

阮郎歸

奉賀晉光兄花燭佳期

一番晴雨喚幽蟬。春風拂雅絃。紅棉彩蝶戲溪煙。花間

自在眠。珠翅展，舞衣翻。金鑪鳳燭燃。白雲深處謫仙泉。三生鴛夢圓。

前調

李育中、呂燕華前輩香江重會

幾回風雨誤朝昏。六旬虛度春。兩洲靈鵲接芳鄰。攜手渡仙門。紅燭淚，幻猶眞。翩飛逸舞勻。臺前幕後少年人。湞江薄暮雲。

曾敏之《贈李育中》云：「風采樓前重感舊，當年曾見燕如飛。湞江橋上人何在，逝水柔情去不回。」載《望雲樓詩詞》。

虞美人

呈戎庵詞丈

公孫劍器驂龍舞。夭矯驚風雨。氣吞牛斗血花紅。回首巴山蜀水壯懷空。騷壇翻覆迴瀾手。醇厚濃於酒。

荒唐人世慘愁眉。斬盡妖魔鬼怪太平時。

前調　呈張夢機教授

南塘羈緒容光瘦。鏡暗妝殘後。伶俜庭樹坐黃昏。漫捲碧潭煙雨振吟魂。
相思不覺人間苦。有夢隨君去。淡江盆地壓千山。豈謂畫圖環珮訴情難。

前調　呈張以仁教授

鈞天樂舞空中過。聽盡霓裳破。花間閒倚碧闌干。一曲小山重疊月光寒。
牡丹微雨添嬌媚。繾綣扶殘醉。幾回幽夢繞迴廊。細味新詞杯酒意難量。

前調　贈幸福兄

停雲社宴迷煙月。聚散隨圓缺。桃花流水久辭枝。最是飄零湖海笠簑披。　今宵借酒須沈醉。末世悲多事。有情芳草樂相知。更喜談天說鬼夜闌時。

謁金門　答伯元夫子《和蘇樂府》補遺跋尾

西湖雨。催化黃州寒暑。鐵板銅琶聽遠浦。海南昂步去。　遲日春風桂醑。遍野海棠開否。臺港和蘇風味許。十年增妙語。

前調　漢城酒意二闋

歡愉裏。不覺沈沈昏寐。中夜酒濃熏繡被。殘春餘苦味。　憑寄蕭娘一紙。塊壘難澆愁起。軟語丁寧猶在耳。天涯情未已。

前調　其二

西樓閣。凝望鏡中帷幕。幾度背人珠淚落。今朝聞喜鵲。未怪阿郎情薄。脂粉慵施愁略。花貌雪膚頭到腳。羅衣頻試著。

前調　林佐瀚夢中見父，其詞得句云：「父撫摩兒頭，笑聲傻瀚。」片刻歡聚，情真意切，人同此心，久久難以釋懷

蕭蕭雨。一霎涼風消暑。孝感慈親歸遠浦。相扶樓閣

去。樂聚家常酒酣。四十年來安否。難得龍鍾情幾許。笑聞傻瀚語。

翻香令　奉題趙連珠「鮫齋續夢圖」

津門春老百花殘。斜街飄絮柳絲翻。風流歇，餘香冷，猛回頭新月海河前。蓬萊遙認海中山。鮫人珠淚燭犀然。荊山璧，連城玉，粲氤氳塵世渺寒煙。

桃源憶故人　寄夏傳才教授濟南《詩經》國際學術研討會

大明湖榭聽書處。柳影荷香雲樹。趵突泉喧雷雨。欣接詩經戶。群英論學宜留住。齊魯風光無數。佳會愧難飛去。躑躅香江路。

訴衷情　寄張濟川詞丈

港新睽隔海重重。煙霧碧紗櫳。秘書尸位無助，歉意與愁濃。　重九日，插萸紅。興無窮。南安雅集，固本祛邪，落帽秋風。

去年張濟川丈過港，予獲委任爲全球漢詩總會秘書長，惜無建樹，至歉至愧。

前調　答張錯《龍嵩街之歌》

龍嵩街上響和絃。融合漢葡天。依山臨水官邸，民宅粵風傳。　榕樹老，聽新蟬。綠窗前。南歐情調，風順堂鐘，新月娟娟。

好事近

哀龍蹇

滄海寄閒身，翠藻珊瑚明滅。百歲淸涼洞府，久不分年月。幾回誤闖人間世，剩滿頭霜雪。無語相看淚眼，了一刀輕映。

江城子

永興夜飲

昏昏燈火鎖層樓。便江流。暑炎收。七夕星幽，難見月如鉤。幾個閒人宵夜好，河畔酒，試新篘。聽風聽水暗凝眸。小山羞。醉瓊甌。狼藉深杯，淘盡古今愁。望斷桃源無覓處，淮海恨，望郴州。

前調

注江船女吐歌唇。一番新。一番春。笑靨明眸，不效柳眉顰。幾點浪花飄過了，山水綠，有緣人。　龍華煙雨換晴陰。翠微深。日光沈。身世渾忘，遺蛻蕩波心。多少風流凝卻後，天地寂，古猶今。

雨中花慢

夜宿衡嶽

暮色蒼茫昏暗，濃霧飄飛，頓掩燈光。咫尺蒼松曾現，過眼眞忙。微雨吹寒，衣衫濕冷，缺電空廂。聽寂寞裏，天人意動，飛出西牆。　長更未曉，鄰雞先唱，旭朗總被雲妨。香火客，祝融峰上，風水清涼。遙拜神明老廟，冰心永保平常。半山銜日，彩虹鮮麗，玉露輕嘗。

賀新郎　奉賀伯元夫子六秩晉五壽慶

春滿黃金屋。倚湘蘭、娉婷婀娜，華清薰浴。天上祥雲簇煙滸，珍護翠瓊紫玉。風過也、新醅初熟。淺醉舞姿歌韻好，羽衣飛，縹緲霓裳曲。歲寒友，松梅竹。

繁絃耳順忘愁蹙。漸清佳從心所願，高人幽獨。綵勝椒盤觴詠喜，恭獻心香一束。載畫舫、鄱陽漲綠。劉向傳經天下重，形音詁訓巧接觸。德業潤，雨簌簌。

醉落魄

天心沈醉。路搖屋撼焚城味。齊煙九點浮蟲蟻。煉獄人間，推倒眞隨意。　蓬萊非復逃秦地。焉容卧榻同鼾睡。鄉關絕望浮雲裏。鷸蚌爭持，冰炭添勞悴。

天仙子

十載栽花酬句末。花發滿園詩語易。回眸淺笑憶風神，呼慧婢。蜂媒使。蝕骨銷魂柔繞指。　太極波翻情不已。滄海微瀾浮浪蕊。幾回風雨協同心，多少淚。悲歡意。檢點愁紅鋪彩地。

雨中花慢　和蘇完稿

十載關河思渺，淡蕩煙光，風雨斜陽。遙望長安皓月，織婦空床。銀漢波分，人間換劫，百變鸞凰。向廿一世

紀，鵲橋飛渡，融了緐霜。　春花過眼，伊人秋水，
剩得樂府穿腸。愁夜冷、東坡遺韻，吹散仙香。解道劃
然長嘯，滄桑有恨難量。不應淚盡，舊時歌拍，幾句詩
行。